十三五

高职高专"十三五"规划教材

学前教育专业"特殊能力"培养丛书

幼儿园岗位实训与测评

汤　杰　主　编◎

赵　硕　赵　鑫　樊春燕　副主编◎

幼乐美教育研究院　编◎

電子工業出版社

Publishing House of Electronics Industry

北京 • BEIJING

内 容 简 介

中国学前教育目前处于快速发展阶段，学前教育的改革也在不断深化。我们根据教育部颁发的《幼儿园教育指导纲要（试行）》组织编写了本书，以满足学前教育专业学生实践的需要。本书紧贴幼儿园教学的需求，系统地介绍了学前教育专业的基本技能。全书由幼儿园岗位实训与幼儿园岗位综合测评两个部分组成：第一部分包括保育员岗位的工作任务、教师岗位的工作任务和幼儿园各领域的教学实训任务 3 个单元；第二部分包括幼儿园一日生活测评和集中教学活动测评。

为达到最佳教学效果，本书全部实训活动建议在学前教育智慧实训室（详细介绍见附录）进行，各院校也可结合学校教学环境自行安排实训环境。

本书既可以作为各院校学前教育专业教材，也可作为幼儿园教师培训用书。

图书在版编目（CIP）数据

幼儿园岗位实训与测评 / 汤杰主编．—北京：电子工业出版社，2018.7

ISBN 978-7-121-32666-0

Ⅰ．①幼… Ⅱ．①汤… Ⅲ．①学前教育—高等学校—教材 Ⅳ．①G613

中国版本图书馆 CIP 数据核字（2017）第 218607 号

策划编辑：朱怀永
责任编辑：裴 杰
印　　刷：北京七彩京通数码快印有限公司
装　　订：北京七彩京通数码快印有限公司
出版发行：电子工业出版社
　　　　　北京市海淀区万寿路 173 信箱　邮编　100036
开　　本：787×1 092　1/16　印张：12.75　字数：326.4 千字
版　　次：2018 年 7 月第 1 版
印　　次：2019 年 8 月第 2 次印刷
定　　价：36.00 元

凡所购买电子工业出版社图书有缺损问题，请向购买书店调换。若书店售缺，请与本社发行部联系，联系及邮购电话：（010）88254888，88258888。

质量投诉请发邮件至 zlts@phei.com.cn，盗版侵权举报请发邮件至 dbqq@phei.com.cn。

本书咨询联系方式：（010）88254608，zhy@phei.com.cn。

前　言
PREFACE

根据《国家中长期教育改革和发展规划纲要（2010—2020 年）》的精神，为全面提升学前教育师资的综合能力，结合学前教育专业教学与实训的实际，编写此书。这是一套以理实一体化为理念，以工学结合为依托，以综合职业能力培养为目标的学前教育专业“特殊能力”培养丛书。本丛书主要针对学前教育专业的在校学生以及幼儿园新任教师，具有如下特点。

第一，本丛书是全方位了解幼儿园教师岗位职责的实用性丛书。

第二，实践案例教学。注重对相关案例进行更新，以提高学生分析案例、借鉴案例的能力。

第三，强化情境教学法。注重将模拟情境与真实情境引入教材，以提高学生设计、实施与反思幼儿园教育活动的能力。

第四，辅助教学实践。注重实践能力的积累与提升，配合学生实践时灵活使用。

为更好地落实实践教学，进一步提升学前教育专业学生的岗位职业能力，编者采用学校与企业资源、信息共享的“双赢”的校企合作方式，联合研发出注重提高幼儿园岗位职业能力的 3D 虚拟仿真实训平台——“学前教育智慧实训室”，配合本教材供学生使用。以技能训练为目标，以实践应用为落脚点，促进优质教学资源开发共享，推动专业改革。

本书在编写过程中，参考并借鉴和吸收了国内许多专家、学者及同行的研究成果、观点和资料，在此表示衷心的感谢。由于编者的水平有限，本书难免有不足之处，敬请专家、读者予以指正。

编　者

目录

CONTENTS

第一单元

保育员岗位的工作任务

模块一 保育员一日工作时间表

保育员一日工作时间表见表 1-1。

表 1-1 保育员一日工作时间表

时间	工作环节	内容
7:10～7:25	早会	早会
7:25～8:00	来园准备	1. 开窗通风，调节室内的温度和采光 2. 消毒工作 3. 教室清洁工作 4. 盥洗室清洁工作 5. 准备幼儿饮用水 6. 记录生病幼儿的情况 7. 登记请假幼儿
8:00～8:30	早餐	1. 取餐 2. 带领幼儿洗手 3. 分发餐具及早点 4. 创设宽松的就餐环境，促进幼儿的食欲 5. 掌握幼儿进食量，引导幼儿正确使用餐具并且合理进餐，培养幼儿良好的饮食习惯 6. 鼓励幼儿餐后协助保育员进行清理工作
8:30～9:00	包干区卫生	1. 清洁幼儿寝室 2. 清洁教室、活动室 3. 清洁盥洗室 4. 对幼儿的日常生活用品进行消毒 5. 为预防常见传染疾病进行相应消毒
9:00～9:30	教育活动	1. 配合教师完成教育活动 2. 配合教师纠正幼儿的不良习惯、行为等
9:30～10:30	户外活动	1. 保育员在幼儿做操期间协助其他教师管理幼儿 2. 协助教师进行户外活动，密切观察幼儿的情绪变化、精神状态，关注个别幼儿的活动情况 3. 活动前注意幼儿的衣服、鞋子是否适宜运动，及时提供有效帮助 4. 幼儿进行大型游戏时，保育员应与其他教师分工合作，确保幼儿的安全
10:30～10:45	盥洗、加餐	1. 指导幼儿如厕、洗手 2. 根据实际出勤人数领取餐点 3. 分发餐点
10:45～11:10	教育活动	参照 9:00～9:30 时间段的内容
11:10～11:50	午餐	参照 8:00～8:30 时间段的内容

续表

时　　间	工 作 环 节	内　　容
11: 50～12:00	餐后整理	1．清洗消毒幼儿进餐所用物品，打扫桌面及地面 2．清洁盥洗室
12:00～14:00	午睡	1．休息 2．教学研讨 3．值班
14:00～14:30	起床	1．协助教师组织幼儿起床、如厕、喝水 2．消毒桌面，准备温开水 3．整理并打扫卧室，开窗通风 4．指导幼儿正确地穿衣服，培养幼儿的自理能力
14:30～14:55	教育活动	参照 9:00～9:30 时间段的内容
14:55～15:00	入厕、喝水	1．协助其他教师组织幼儿有序如厕，并帮助托小班的幼儿整理好衣服 2．提醒幼儿便后洗手，使用自己的毛巾擦手 3．整理幼儿的毛巾 4．提示幼儿节约用水 5．组织幼儿有序地接水、饮水
15:00～15:30	户外活动	参照 9:30～10:30 时间段的内容
15:30～16:00	教育活动	参照 9:00～9:30 时间段的内容
16:00～16:50	晚餐	参照 8:00～8:30 时间段的内容
16:50～17:30	离园准备	1．协助其他教师帮助整理幼儿的着装 2．将需要乘车的幼儿安全送到校车上 3．做好第二天的准备工作

模块二 来园准备

实习目标

1. 正确认识保育员在幼儿园中的作用，增强保育的观念。
2. 严格遵守幼儿园的各项规章制度，积极听取幼儿园优秀保育员的工作经验介绍。
3. 了解保育员来园准备时的具体事项和需要注意的问题。

一、工作内容

（一）晨间清洁卫生

1. 开窗通风，调节室内温度和采光

每天早晨开窗通风，冬季开窗 15 分钟。一般冬季室温不低于 18℃，夏季室温不超过 28℃。

2. 消毒工作

把前一天下班后清洗好的水杯放入消毒柜消毒半小时。如果班级没有消毒柜，可以在前一天下班前送由食堂蒸煮，早上由保育员取回。将水杯消好毒放入水杯箱时，要注意以下 3 点：一是要用消毒的抹布将水杯箱的格子擦拭一遍再放入；二是放水杯时，手抓杯把，不能用 5 个手指伸入杯内去抓；三是放茶水时要检查一下水杯箱上的幼儿姓名标签是否脱落或模糊不清。杯箱一律不要装门，既方便幼儿取水杯，又可避免夹住幼儿的手。

3. 教室清洁工作

先用清水将桌面、玩具柜、窗沿等物体表面擦一遍，然后用消毒液再擦一遍。地面清扫后用带消毒液的拖把将地面擦一遍。大、中班的幼儿可以协助擦小椅子。最后整理，做到室内不零乱，杂物不乱放。

4. 盥洗室清洁工作

检查幼儿盥洗室的手纸、毛巾是否准备好，最后整理干净，擦干地板上的水渍，保证无异味、无污垢、无积水。

5. 准备幼儿饮用水

保温和密封性能好的桶可在前一天晚上放入开水，以便第二天有可饮用的开水。对沉淀物多的水要随时倾倒更换，水温要符合幼儿安全，以滴在成人手背上不烫为好，如水过烫就要降温。

6. 记录生病幼儿的情况

记录幼儿的病情，将家长带来的药品放在指定的位置。

7. 登记请假幼儿。

做好请假幼儿的登记工作。

（二）晨间接待

（1）晨间接待工作由老师负责，保育员配合。

（2）接待幼儿和家长，服装穿戴整齐，做到职业化、端庄大方、和蔼可亲，主动与家长和幼儿说话，说几句夸奖的话，拉拉幼儿的手，摸摸幼儿的头等，让幼儿的情绪受到感染，高兴地入园。主动与家长简短交谈，了解幼儿在家的情况。

（3）放好幼儿进园时的书包和脱下的衣帽、围巾等。

（4）了解观察幼儿的情绪，给需要的幼儿服药。

（5）注意对幼儿进行礼貌教育。

（6）教育幼儿认真、细致、有序地完成值日生工作，培养幼儿为集体做事的愿望。

（7）晨间接待还应该做到以下几点。

① 要重视晨间接待的准备工作，专注晨间接待的对象与内容。因为晨间接待的时间相对有限，入园的孩子和家长又比较多，保育员应关注大多数幼儿，与家长的交接也只能简单快捷，不能把精力全部放在个别孩子或家长身上，以免影响对其他孩子和家长的接待。大多数保育员都可能遇到过几位家长同时来与自己交流的情况，或是在自己最忙碌的时候家长来反映幼儿情况，保育员不要喋喋不休地与一名家长较长时间地交流而影响其他孩子的晨检，针对幼儿情况确实需要交流的，可与家长预约，让家长提早把孩子送来或在自己不当班有充裕的时间时再交流，或者请家长在孩子离园时与自己进行沟通，还可以采用打电话等方式与家长交流。

② 要对孩子的主动问好给予足够的重视和充分的肯定。即便是当时确实有事在身不便于打招呼，也应做到表情、动作上的回应。尤其是在事后必须主动地与孩子沟通问好，表达出真诚交流的意愿和对当时不能直接回应的歉意，让他们能恢复快乐的心情。

③ 变被动问好为主动问好。早晨，孩子离开家人时，可能会产生分离焦虑。这时，保育员要主动亲近孩子，送上一个亲切的微笑、一个充满爱意的拥抱、一句关切的问候或是一句欣喜的夸奖。对于一些害羞、被动的幼儿，保育员更是要主动出击，用轻柔的动作、关切的神情减少孩子内心的恐惧感，让孩子感受到保育员是可爱、可亲的。

④ 在问好的同时要耐心、细致地观察孩子。孔子曾说过：“视其所以，观其所由，察其所安。”保育员应该做到关注每个孩子的快乐、惊奇、疑惑、恐惧等情绪反应，并及时采取必要的干预措施。有些孩子不擅长或不敢用语言来表达自己的心事或情感，便会闹情绪，这就要求保育员能时时观察每个幼儿的行为及表情，从中发现问题并解决问题，不让孩子憋在心里，尽量地满足孩子，让他们的情绪释放出来，让幼儿在保育员灿烂的笑容和亲切

的问候中感受到温暖和关爱，也愿每天朝阳初升的时刻，能成为幼儿快乐的起点。

（三）入园常规要求

入园环节所覆盖的时间，是从第一个孩子入园进班开始到早餐前的这段时间。不同年龄阶段的幼儿，在入园环节表现出的情绪和状态各不相同，保育员对他们的常规要求也不尽相同。

因此，保育员要准确把握幼儿身心发展的特点与规律，为幼儿营造温馨舒适、丰富有趣的入园环境，不断吸引幼儿投入活动，让其从心理、身体及能力等方面都得到一定的发展，使入园环节真正成为幼儿一天美好生活的开始。

二、注意事项

（1）活动室、寝室、盥洗室的拖把要专用，并贴上标识，悬挂于通风处，保证随时有一把干燥的拖把。

（2）在晨间擦拭工作中，应关注刚入园的幼儿，与幼儿进行礼貌问好。

（3）合理安排晨间擦拭顺序，更快做好入园准备。

三、典型问题分析与建议

典型问题 忽视幼儿的主动问好

作为一名幼儿教师，同时又是一名学龄前孩子的母亲，王老师经常会从自己孩子的身上发现自己工作中的一些问题。

前段时间王老师的女儿还在上小班的时候，一天早上，王老师送女儿入园，站在教室门口迎接孩子的是女儿很喜欢的张老师。女儿很愉快地向张老师问好，但张老师正在和另一位家长交流，注意力没有投向她。女儿站在张老师旁边等了一会儿，张老师还是没有注意到她。女儿回头看了看王老师，就去放书包了，王老师也没太在意，直接走了。当天晚上，女儿和王老师躺在床上，突然说道："妈妈，张老师不喜欢我了，我也不喜欢她了。""怎么了，是不是张老师今天没表扬你啊？""我叫她，她不理我。"早上发生的那一幕立时浮现在王老师的脑海中，女儿当时脸上的表情确实是不开心。原来教师一个不经意的行动就会让孩子产生这样的想法。王老师发现自己平时也是这样，在晨间接待幼儿时，有时和家长交流或是有其他事情，她也会忽视孩子们的主动问好。

分析

教师一句温馨的话语、一个温暖的眼神，都传达着对孩子的爱，体现着对孩子的关切和关注。当孩子兴高采烈地来到幼儿园，看到教师，满怀欣喜地打招呼时，教师置之不理，即使是因为正当的理由，也会给孩子造成一种不愉快的心理暗示，导致孩子认为教师不喜欢自己，进而影响孩子一天的心情。

每天朝阳升起的时刻是一天中最具希望的时刻，教师怎样才能在如此美好的早晨让孩子拥有快乐的心情并开始一天的活动呢？

建议

（1）要重视晨间接待的准备工作，专注晨间接待的对象与内容。因为晨间接待的时间相对有限，入园的孩子和家长又比较多，教师应关注大多数幼儿，与家长的交接也只能简单快捷，或者请家长在孩子离园时与自己进行沟通，也可以采用打电话或带纸条的方式与家长交流。不能把精力全部放在个别孩子或家长身上，以免影响对其他孩子和家长的接待。

（2）要对孩子的主动问好给予足够的重视和充分的肯定。即使是当时确实有事在身不便于打招呼，也应做到表情、动作上的回应。尤其是在事后必须主动地与孩子沟通问好，表达出真诚交流的意愿和对当时不能直接回应的歉意，让他们能恢复快乐的心情。

（3）变被动问好为主动问好。早晨，孩子离开亲人时，可能会产生分离焦虑。这时，教师要主动亲近孩子，送上一个亲切的微笑、一个充满爱意的拥抱、一句关切的问候或是一句欣喜的夸奖，对于一些害羞、被动的幼儿，教师更是要主动出击，用轻柔的动作、关切的神情减少孩子内心的恐惧感，让孩子感受到教师是可爱、可亲的。

（4）在问好的同时要耐心、细致地观察孩子。教师应该做到关注每个孩子的快乐、惊奇、疑惑、恐惧等情绪反应，并及时采取必要的干预措施。

让幼儿在教师灿烂的笑容和亲切的问候中感受到教师的温暖和关爱，也愿每天朝阳初升的时刻，能成为幼儿快乐的起点。

课后反思

1．早上，大班幼儿小明的家长说孩子感冒了，把医院开的药片和口服液交给了保育员刘某，并交代：今日已服过一次药了。午餐后，刘某取出药片，插好口服液的吸管，让小明用菜汤送服。

（1）上述做法是否正确？如果错了，错在哪里？

（2）如果是你，该如何给幼儿喂药？

2．简述晨检的操作步骤。

3．简述晨间活动时幼儿的保育要点。

模块三 盥洗环节

实习目标

1. 了解盥洗环节的正确方法。
2. 能够协助教师完成盥洗环节。

盥洗是幼儿一日活动中必不可少的环节，既是幼儿的生理需要和生活需要，又有利于幼儿良好生活习惯的培养，而养成和习得良好的盥洗习惯是保证幼儿身体健康的基础。养成良好的盥洗习惯是帮助幼儿远离细菌、预防腹泻和肺炎的最为经济高效的方法之一。因此，保育员一定要重视盥洗环节。

一、工作内容

（一）教会幼儿正确的盥洗方法

保育员不仅要熟知科学洗手的过程，还应配合班级教师把洗手步骤以图文并茂的形式张贴在盥洗室内，提示幼儿按正确步骤洗手。正确的洗手步骤如下。

（1）挽：挽袖子，以免弄湿衣服。
（2）湿：在水龙头下把手淋湿，擦上肥皂或洗手液。
（3）搓：手心、手背、指缝相对搓揉20秒。其中包含以下6个步骤。
① 掌心相对，手指并拢相互摩擦。
② 手心对手背沿指缝相互搓擦。
③ 掌心相对，双手交叉沿指缝相互摩擦。
④ 一只手握另一只手的大拇指旋转搓擦。
⑤ 弯曲各手指关节，在另一手掌心旋转搓擦。
⑥ 搓洗手腕。
（4）冲：用清水把手冲洗干净（持续10秒钟）。洗手时水量适中，节约用水，不玩水。
（5）捧：用手捧清水将水龙头冲洗干净，再关闭水龙头。
（6）甩：双手五指自然下垂，在水池里甩三下，防止手上的水滴在地上。
（7）擦：用干净的毛巾将手擦干或用烘干机烘干。

（二）做好盥洗前的准备工作

（1）幼儿每天在园会有好几次盥洗活动，保育员应提前做好相关的准备工作。
（2）放好肥皂、消毒毛巾和卫生纸。
（3）提示幼儿盥洗时不拥挤、不玩水，地面有积水时要轻走、慢走，以防滑倒。

（4）对于身体不适的幼儿要给予特殊的照顾和帮助。

（三）正确指导盥洗

1. 常规洗手

（1）幼儿盥洗时，保育员需要时刻关注幼儿的盥洗情况，引导幼儿有序、安全地洗手。同幼儿一起进入盥洗室，对幼儿的盥洗进行具体指导。

（2）指导幼儿盥洗时，保育员的动作要轻柔，语言要和蔼可亲，不要留长指甲或戴容易伤害幼儿皮肤的戒指。

（3）幼儿盥洗时不得离开，必须等到所有幼儿离开后清理消毒，擦干净地面上的水渍，摆放好各类物品后方可离开。

2. 洗脸指导要点

（1）引导幼儿知道午睡后、脸脏时、夏季运动后都要把脸洗干净，帮助幼儿养成良好的洗脸习惯。

（2）用轻柔的语调、温柔的动作指导幼儿从下到上，从里到外轻轻用力，依次把嘴巴、鼻子、额头、脸颊、耳朵、脖子擦干净。

（3）秋冬季洗脸后，帮助或指导幼儿用手蘸取适量护肤霜，均匀地涂抹在脸上。

3. 梳头指导要点

（1）为幼儿提供专用的梳子。

（2）午睡洗脸后，帮助或指导幼儿使用自己的梳子梳头。

（3）指导幼儿学习梳头的正确方法：从上向下，梳整前面、侧面、后面。

（4）鼓励短发幼儿照着镜子自己尝试梳理头发，及时关注幼儿是否需要帮助整理，并给予积极的鼓励和表扬。

（5）轻柔用力，松紧适度地帮助长发幼儿扎好辫子，戴好发夹，并请幼儿自己照照镜子，欣赏梳理后的整齐发型，感受仪表整洁的美。

（6）梳头结束后，指导幼儿将掉落在肩部、地上及残留在梳子上的头发收进垃圾桶，将梳子放回原处。

（7）提醒幼儿头发松散、凌乱时及时梳理，保持仪表整洁。

（8）定期对幼儿的梳子进行清洗和消毒。学习梳理头发的基本方法。梳头结束后，学习清洁梳子和地面。让幼儿知道梳理头发前后要洗净双手。让幼儿知道起床后，头发凌乱时要及时梳头。

4. 其他措施

除上述要点外，保育员还可以采取以下措施。

（1）指示性图片。

保育员可以在盥洗室的墙上贴上浅显易懂的图片并指导幼儿按照图示盥洗，如打开水龙头—把手淋湿—擦肥皂—搓手心和手背—用水冲干净—关水龙头—把手甩一甩等。幼儿根据图示洗手，能洗得又快又干净。

（2）评比栏。

保育员可以在图示旁边专门布置一块评比栏，奖励盥洗认真的幼儿一面红旗或者一朵小红花，把它贴到评比栏的照片处。

（3）正确示范。

保育员可以通过亲身示范指导幼儿按照正确的方法盥洗。

（4）生活活动比赛。

保育员可以根据幼儿的年龄特点和实际情况组织分组比赛，激发幼儿盥洗的积极性。

（5）录像纠错。

在幼儿盥洗时，保育员可以用摄像机录下幼儿不同的行为表现。然后通过录像回放观摩，让幼儿找一找哪些是对的、哪些是错的，并说一说理由，从而发现自己在洗手环节中存在的问题，坚持按照正确的方法洗手。

（6）家园合作。

幼儿园的每一项工作都需要得到家长的支持与配合，因此，保育员与家长在教育理念上达成共识非常重要。除了经常与家长沟通，了解幼儿在家中的盥洗情况，使幼儿园的教育更具针对性外，保育员也要让家长了解幼儿园盥洗习惯培养的要求及方法，使家园教育保持同步，形成合力。

（7）游戏参与。

保育员可以引导幼儿玩各种有趣的游戏，在参与游戏的过程中帮助幼儿了解盥洗的重要性，学习科学的盥洗方法。保育员可以运用听故事、念儿歌的形式对幼儿进行盥洗环节的教育。例如，在洗手时，让幼儿边洗边念儿歌；洗完手后，带领幼儿一起表演《洗手歌》。幼儿在不知不觉中受到儿歌或歌曲的引导，不但可以养成如厕后洗手的好习惯，还受到了卫生教育，这样对提高幼儿的生活自理能力，以及独立性、

有声小说–洗手歌

克服困难等意志品质的培养都有重要意义。

（四）培养幼儿养成好习惯

（1）培养幼儿勤洗手的习惯。

（2）培养幼儿每天洗脸、洗脚的习惯。

（3）培养幼儿饭后漱口、早晚刷牙的习惯。

（4）培养幼儿经常洗头、洗澡和勤换衣服的习惯。

（5）培养幼儿勤剪指甲（趾甲）和男幼儿勤剪头发的习惯。

二、注意事项

（1）在春秋冬季要提示幼儿擦手油，防止出现皮肤干裂现象。

（2）幼儿洗手后，保育员要指导幼儿将毛巾整齐地挂到贴有自己照片或名字的挂钩上。

（3）注意盥洗室的室温，冬季和秋末春初保持在23～25℃。

（4）在盥洗过程中，培养幼儿盥洗的自主性和节约用水的良好习惯。

三、典型问题分析与建议

典型问题一　幼儿没有节约用水的意识问题

有些孩子在挤洗手液和搓手时不关水龙头，甚至有的孩子洗好手不关水龙头就走了。

分析

孩子在饭前便后、运动完回来都要洗手，但教师一般不太关注这一环节，最多会问孩子“洗过手了吗？”而忽略孩子的用水情况，孩子在家洗手时也有许多家长不注意这点，导致孩子没有节约用水的意识。

建议

面对这样的情况，教师和保育员除了讲道理之外，还可以编一些儿歌。如：“自来水，清又清，洗洗小手讲卫生。先把袖子卷起来，打开龙头冲一冲。关上龙头打肥皂，手心手背都洗净，打开龙头冲干净，甩甩小手擦干净，节约用水记心中。”让孩子在朗朗上口的儿歌中慢慢养成不玩水、节约用水的习惯。有的孩子洗完手后会忘记擦手，总是要教师提醒，我们可以把洗手说成给小手洗洗澡：“小手洗过澡，不擦干会生病的。”

典型问题二 洗手时玩水

由于天气十分干燥，本身就心浮气躁的孩子们就更喜欢在洗手间扎堆玩水了，他们把洗手当成一种游戏，尽管老师们每天都在强调洗手间里的安全注意事项，可收获并不大。今天在手工活动时，孩子们都在认真为自己的手工作品忙碌着，小宇和莉莉两位小朋友以上厕所为由在洗手间里上演了一场水战，不一会儿小宇就伸着他满是鲜血的手指来向教师告状，说莉莉用水泼他。在医务室包扎时，教师了解到了事情的经过：小宇和莉莉为了好玩就用手指堵住水龙头让水花溅的到处都是，为了避免身上被水弄湿，小宇把手指伸进了水龙头的出水口里，由于出水口很狭窄，他的手指拔不出来了，他一时着急用力向外拔，手指就被粗糙的水管内壁刮破了。回到教室泪眼汪汪的莉莉也承认了是她向小宇泼水的，并且告诉老师她已经在第一时间向小宇道歉了。

分析与建议

在游戏中受伤是幼儿交往中是不可避免的现象，嬉戏、争吵、打闹都是幼儿的交往方式。但这种受伤害也是必须要避免的。两个孩子在这次事件中都认识到了自己的错误：莉莉的道歉和眼泪足以说明她对这次事件的感知，看到流血的小宇，她内心害怕，但又不知该怎么做，只好用最简单的道歉来平复内心的恐慌；小宇受伤的手指让他也意识到了自己的问题。这个时候教师就不必再去批评孩子了，因为批评无疑会加重孩子的心理压力，但这次事件也再次敲响了安全警钟，必须要采取一些措施来避免类似事件的发生。所以，教师可以利用这次事件对全班孩子开展一次安全主题的活动，通过做游戏，使幼儿更进一步知道在幼儿园中不安全的事情有哪些。为避免这些不安全事情的发生，教师和保育员都必须遵守规则，通过发生在身边的现实案例使幼儿增强遵守纪律的习惯，掌握安全小常识，从而学会自保和发生危险的应对措施。

课后反思

1．盥洗室的窗户应该（　　）敞开。

A．避免　　B．片刻

C．半天　　D．全天

2．幼儿盥洗的毛巾数量为（　　）。

A．每人 1 条　　B．2 人 1 条

C．3 人 1 条　　D．一个班 2 条

3．幼儿洗手容易忽略的环节是（　　）。

A．洗手心　　B．洗手指

C．洗手背　　D．洗手指缝

4．组织幼儿盥洗需要哪种方式？

5．如何帮助幼儿形成良好的盥洗习惯？

模块四 进餐环节

实习目标

1. 要了解进餐环节的正确步骤。
2. 能正确地完成进餐环节。
3. 能够培养幼儿文明的进餐习惯。

一、工作内容

（一）餐前

餐前准备很重要。保育员在做好餐前卫生准备的同时，也要负责做好幼儿的餐前情绪准备，在幼儿进餐前半小时，要避免幼儿过度兴奋或出汗，可以安排幼儿安静地听故事、音乐等活动。然后组织幼儿有秩序地洗手后等待进餐（幼儿盥洗的要求详见前文）。幼儿洗手后到饭入口的时间应控制在10分钟以内。组织幼儿放小椅子，可以告诉幼儿，椅子要放到桌子底下，吃饭前将小椅子拉出来留有一双腿的空间，洗完手后不能用小手去拉椅子或到处乱摸。

餐前的具体事项如下：

（1）要提醒幼儿用肥皂正确洗手。

（2）严格按规定消毒饭桌（提前消毒，配置消毒水消毒桌面）。

（3）可以请值日幼儿协助分发餐具，其他幼儿折叠餐巾并将餐具、餐巾放在统一位置。

（4）严格按规定时间分饭菜（提前5分钟分餐，先分菜，再分汤，最后分饭）。

（5）严格按规定程序放置碗筷，右放菜，左放汤，中放饭，筷子放于菜与饭中间。夏天，幼儿的饭、菜、汤出厨房时要注意温度适宜；冬天，幼儿的饭、菜、汤要注意保暖。另外，还要放一个空碗，以备放置骨头和其他杂物。吃鱼虾时，每桌必须放消毒毛巾（每桌至少两块），以备幼儿擦手用。

（6）创设宽松的就餐环境，开展餐前食谱播报活动，促进幼儿的食欲。

良好的进餐环境有利于促进消化腺分泌消化液，激起用餐食欲，帮助幼儿调节情绪。让幼儿在良好和愉悦的情绪下进餐是餐前安静活动的主要目的，因此教师和保育员要努力为幼儿进餐前创造温馨、宽松的环境。3～6岁的幼儿正处于生长发育旺盛的时期，每天必须从膳食中获得充分的营养物质，才能满足其生长发育和生活活动的需要。如果幼儿长期缺乏某种营养素或热量供应不足，不但影响生长发育，还会引发很多疾病。为了引起幼儿的食欲，促进幼儿健康发展，保育员应该采取适宜的应对措施。

进餐前，教师和保育员可以事先了解当天的菜谱，利用网络搜索菜肴营养价值的图文，在餐前给孩子看，色彩艳丽的图片加上生动的描述，不仅能让幼儿了解每种菜对自己生长的好处，还营造了孩子想吃、乐吃、爱吃的心理氛围。教师和保育员应该结合当天的饭菜形象地向幼儿介绍有关食物的名称、特点及营养价值，让幼儿知道它们都是有营养的食物，对人们的身体健康有益，并通过儿歌、故事等形式让幼儿明白偏食、挑食给健康带来的危害，这样不但能丰富幼儿的知识，还能使幼儿更积极主动地进餐。

例如，在幼儿吃蔬菜前，告诉幼儿蔬菜对身体非常有帮助，能让小朋友变得更健康、聪明。再如，通过儿歌《进餐》教育幼儿养成良好的就餐习惯。《进餐》儿歌如下：“进餐前，洗净手。打喷嚏，遮住口。轻轻嚼，慢慢咽。不挑食，不剩饭。”

（二）进餐期间

1. 把握好幼儿的就餐时间，让幼儿掌握正确的就餐方法

班级教师和保育员针对吃饭过快的幼儿，要及时提醒其细嚼慢咽，对幼儿进餐环节中出现的边吃边玩、东张西望、把饭含在嘴巴里不肯下咽、吃饭耗时过长的现象，具体问题具体分析。保育员尝试用贴纸或午餐中多出来的水果、点心奖励有进步的孩子，或用餐后活动，如玩具分享、自主游戏等来吸引他们尽量吃快，让幼儿逐步自觉调整用餐时间。在小班，主要是教给幼儿进餐各环节的方法和要求，如先在椅子上坐端正，一手扶碗，一手拿勺子，饭往嘴巴喂时，下面要用碗接住掉下来的饭粒等。到了中、大班，就可以开始学习怎样使用筷子正确进餐。

2. 快乐的进餐氛围有助于保持幼儿良好的进餐情绪

不在进餐中处理有关纪律的问题，如“快吃”“保持桌面干净”等。保育员也可以用录音机播放轻音乐和故事，营造一个温馨的大家庭的氛围。幼儿园是家庭与社会连接的纽带，让幼儿保持一个轻松愉快的就餐心情，可以促进消化腺的分泌，增进食欲；同时，还可以体验集体生活的快乐，有利于幼儿积极适应社会。教师和保育员可以尝试不强迫幼儿进食，不用严格的纪律约束，而是通过情绪状态的调整，促进幼儿的食欲，尤其是体弱的孩子，要为他们创造进餐氛围，使他们保持良好的进餐情绪，让他们在温馨的氛围中进餐，才能让他们愉快地把食物吃完，才能促进他们健康快乐地成长。

3. 良好就餐习惯的养成

（1）故事引导，榜样示范。

利用幼儿喜欢听故事、爱表扬的特点，利用集体的氛围感染他们，为他们树立榜样。请吃饭干净整洁、动手能力强的幼儿示范吃饭的样子给大家看，让幼儿明白自己动手吃饭是一件很容易的事情，从而让依赖性强的幼儿开始自己动手吃饭。

（2）座位调整，快慢搭配。

有些教师和保育员为了便于管理，会把班级里吃得较慢的幼儿集中在前面几张桌子上督促，但大多效果不理想。其实，可以根据具体情况把他们与吃得又快又香的孩子混

搭在一起，这样一来，他们看到自己周围的朋友吃得很香，受到感染和鼓舞，渐渐地也吃得快、吃得香了。另外，还可以利用幼儿不服输的个性，给予吃饭表现好的幼儿更多奖励，依靠集体的力量帮助他们养成良好的进餐习惯。通过比赛幼儿懂得合作的重要性，增加了自律性。

（3）以奖为主，奖惩结合，餐中个别对待，结合趣味游戏与鼓励表扬。

进餐中，保育员可采用鼓励表扬、榜样影响等方法引起幼儿的食欲，并根据幼儿的不同情况给予具体的帮助，帮助幼儿纠正偏食、挑食等不良就餐习惯。对偏食、剩饭、撒饭的幼儿，哪怕是一点点的进步都要给予鼓励，发给孩子一颗进步星、小贴画等，调动幼儿的积极性，促使幼儿改正偏食和剩饭、撒饭的不良进餐习惯。保育员要做到言出必行、奖罚分明。对于吃饭时边吃边玩、不讲卫生、饭粒掉满地、屡教不改的幼儿给予一定的惩罚，如当天不给予小苹果等代表优秀的标志，也可剥夺他最喜欢的活动时间一次，从而让他约束自己。当他每天稍有进步时就马上表扬他，多给一个奖励，让他更有信心应对吃饭这件事。

（4）提醒幼儿进餐时要安静，养成良好的进餐习惯。

4. 指导独立进餐

（1）幼儿进餐常规。

《幼儿园教育指导纲要（试行）》提出："教师要尊重幼儿不断增长的独立需要，在保育幼儿的同时，帮助他们学习生活自理能力，锻炼自我保护能力""既要高度重视和满足幼儿受保护、受照顾的需要，又要尊重和满足他们不断增长的独立要求，避免过度保护和包办代替，鼓励并指导幼儿自理、自立的尝试"。对照《3—6 岁儿童学习与发展指南》健康领域的要求和建议，可以把幼儿的进餐常规分解如下。

小班：能熟练地使用勺子吃饭。

中班：会用筷子吃饭。

大班：能熟练地使用筷子。

（2）指导幼儿独立进餐的基本方法。

① 正确使用勺子。

勺子是每个人从小学习使用的第一种餐具。保育员在观察幼儿进餐时发现，有的幼儿由于不会使用勺子，不是让成人喂饭，就是把饭菜弄得到处都是。看似简单的用勺吃饭，其实包括了对手部肌肉灵活性和手眼协调能力的锻炼。因此，幼儿在小班学会使用勺子吃饭是很有必要的，而且能为以后使用筷子吃饭打下良好的基础，更为培养独立进餐的良好习惯创造了条件。

② 正确使用筷子。

使用筷子进餐属于幼儿生活自理能力培养的范畴。使用筷子前，要告诉幼儿用两只筷子，也就是一双筷子吃饭；要将筷子放在右手的大拇指和其余四指中间，食指抵住一根筷子，中指放在两根筷子中间，无名指抵住另一根筷子，小拇指放在无名指下面做夹合练习。保育员要正确示范并讲解握筷子的方法和坐姿，交代使用筷子时的一些事项。例如，拿筷子吃饭时不能转来转去、跑上跑下，否则筷子可能会戳到其他小朋友；盛汤时要把筷子放在桌上，不要拿在手上；筷子是吃饭的工具，不能边吃边当玩具玩等。进餐过程中，要及时纠正幼儿的握筷方法，使幼儿养成正确使用筷子的习惯。保育员要积极鼓励幼儿在家、在幼儿园都使用筷子进餐，告诉幼儿使用筷子进餐表示自己长大了、更能干了。

（三）进餐后

1. 餐后习惯的指导与养成，充分发挥值日生的作用

幼儿餐后的习惯同样也需培养和养成，这也是一项重要的进餐礼仪。内容主要有：引导幼儿将自己碗里食物吃干净，用毛巾擦嘴后，将自己的碗、勺子或筷子、毛巾轻轻地放入固定的容器里；然后用自己的杯子接饮用水漱口，毛巾的使用和漱口都有一定的要求。值日生可以成为教师和保育员的小助手，如帮助分发餐具、餐后帮助收拾等。

2. 餐后活动的组织

幼儿餐后需要一些安静的活动，这个时间段也成了幼儿自由选择游戏的时间。

每个幼儿的生活环境不同，每个幼儿原有的经验也存在个体差异，这种差异会导致幼儿完成每一项活动的时间有长短之分。吃饭时，有些孩子吃得较快，可以让他们吃完后看书、玩玩具，进行一些安静的活动，等待吃得较慢的幼儿，而不是什么都不做地等那些未吃完饭的孩子吃完再去散步、活动等。幼儿可以根据自己的意愿选择如玩橡皮泥、搭积木、画画、看书等各种小活动，但应注意饭后不宜剧烈活动或过度兴奋。

3. 鼓励餐后陈述表达，愉悦回顾

餐后，保育员应及时与幼儿交流，如亲切地询问："今天吃的什么？""吃饱没有？""吃了几碗？"这种简短易懂的问题。同时，还应对幼儿良好的进餐行为进行正面强化，如表扬幼儿："你吃了这么多啊！难怪你长得这么高！"

二、注意事项

（1）幼儿进餐时不可以催促或比赛，如说"看哪个小朋友吃得快"等。也不能强迫幼儿过度进食，否则会引起幼儿消化不良，甚至呛噎造成气管异物事故。

（2）提供的食物的温度要适中，避免食物过烫、过冷，剔出鱼刺或骨渣，严禁进食不卫生的食物。避免餐具造成的划伤、戳伤。

（3）领取和分发餐（点），必须使用食品夹或消毒筷。除冬季外均应做到分盘，做到随到随分、随吃随分。

（4）保证每个幼儿吃饱、吃好、吃足营养量。掌握幼儿进食的情况，鼓励食量小的幼儿，控制暴食幼儿，做到不给幼儿汤泡饭。

（5）进餐中巡回观察，了解幼儿进餐的情况，指导幼儿正确使用餐具，提醒幼儿不挑食、不撒饭菜，不催促幼儿吃饭。

小贴士

保育员应组织幼儿进行一些安静的等待活动，愉悦幼儿的心情，切忌在就餐前批评幼儿，小班幼儿在进餐时如有哭闹现象，一定要暂缓进餐，待幼儿情绪稳定后再进餐。

三、典型问题分析与建议

典型问题一 幼儿就餐习惯不良

昊昊最近吃饭经常撒饭，通过观察，保育员发现是因为昊昊吃饭时左手没有扶住碗，所以撒饭。

分析与建议

要培养幼儿的自理能力就必须放手让幼儿独立去做。幼儿刚开始做不好不要紧，保育员应在幼儿一次又一次的实践中发现他们的进步，多给予幼儿鼓励的语言和眼神，让幼儿树立独立做事的信心。对于幼儿不会用左手扶碗的情况，保育员可以用儿歌提醒幼儿："左手扶住碗，右手拿勺子，嘴巴靠近碗，大口大口吃。"

有了正确的引导和帮助，加上幼儿自身的努力，相信幼儿一定能做得很棒！

典型问题二 幼儿依赖教师或者保育员喂饭

豆豆的性格比较内向，刚入园时显得很不适应，总是哭闹不停。每当吃饭时，他都要教师或者保育员喂饭。开始时，教师和保育员认为是分离焦虑比较严重的原因，过一段时间就会好。但是一段时间过后，当大多数小朋友的情绪都稳定了并且能自己吃饭时，豆豆还是不自己动手吃饭。当教师喂饭时，他就能全部吃完；教师不喂，他就不吃了。教师和保育员问他为什么不自己吃，他哭着说："因为我不会用勺子自己吃饭。"针对豆豆在幼儿园进餐的表现，保育员和教师与豆豆的家长进行了面谈。从交谈中，他们了解到豆豆上幼儿园前主要由姥姥、姥爷照看，每天三顿饭都由姥姥喂，从来不自己吃，所以到了幼儿园自然也不会使用勺子进餐，开始由依赖姥姥变为依赖老师。

分析与建议

针对上述案例中豆豆的表现，保育员可以和豆豆玩“碰碰头”的游戏：“手指家里有5个兄弟，开饭喽，大哥和二哥碰碰头，问声好，他们最喜欢勺子上面的漂亮图案了，也想和小图案碰碰头。其他3个兄弟呢，最喜欢玩捉迷藏，他们藏在哪里了？找一找，原来藏在勺子下面了！好了，5个兄弟都准备好了，大家就可以一起吃饭啦！”通过这个游戏，可以帮助豆豆很快地记住勺子的用法。在刚开始时，幼儿可能还不熟练，如可能握着握着勺子就变成铲勺子了，这时保育员可以悄悄地走到他身边，对他说：“别忘了，要和小图案碰碰头哦！”通过这样的反复提醒，慢慢地幼儿就能掌握使用勺子的方法了。当幼儿的用餐行为有进步时，保育员要马上表扬他，鼓励他继续保持良好的行为。

课后反思

1.（　　）班的幼儿应该学会使用筷子。

A．小班　　B．中班　　C．大班　　D．学前班

2．幼儿挑食的生理原因是（　　）。

A．饭菜不好　　B．幼儿园的环境不好

C．体内缺锌、钙等微量元素　　D．运动量小

3．分发餐具的时间不能过早，这是因为（　　）。

A．影响活动　　B．浪费时间

C．家长的要求　　D．避免污染

4．保育员给婴幼儿分发饭菜要（　　）。

A．少盛多添　　B．只添一次

C．多盛少添　　D．只盛一次

5．怎样能帮助幼儿养成良好的就餐习惯？

模块五 如厕环节

实习目标

1. 了解不同年龄、性别的幼儿如厕的正确方法和步骤。
2. 能够正确合理地帮助幼儿如厕。
3. 能够解决幼儿如厕时的常见问题。

一、工作内容

（一）幼儿如厕常规

不同年龄段的幼儿有不同的如厕常规，具体如下。

1. 小班

（1）学习有序如厕，掌握正确的如厕方法。

（2）及时如厕，知道便后要擦屁股，会主动向教师提出要求，学习便后正确的洗手方法。

（3）知道如厕时不玩耍，注意安全。

2. 中班

（1）学会定时大小便，有困难时会大胆主动地提出要求，便后主动正确洗手。

（2）学会正确的如厕方法，并有序地进行如厕活动，学习使用手纸擦屁股（女孩子学习从前向后擦）。

（3）知道不能在厕所里玩耍，学习初步的自护方法。

3. 大班

（1）养成定时大小便及便后正确洗手的良好习惯。

（2）自觉有序地如厕，大便后会正确使用手纸擦屁股（女孩子能从前往后擦）。

（3）不在厕所里玩耍，懂得一些自护方法。

（二）组织如厕的基本方法

保育员可以采取以下两种方法组织幼儿如厕。

1. 童谣法

简洁明快、朗朗上口、幽默风趣的童谣，幼儿非常喜欢朗诵，也容易接受理解。幼儿在诵读童谣的同时强化和约束着自己的行为。例如，让幼儿在排队如厕时、引导幼儿在学习擦屁股时、在洗手时学念儿歌。

2. 榜样法

幼儿常规的养成是一个循序渐进的过程，也是一个从遵守规则、执行规则到内化为自己自觉行动的过程，即是一个从他律转变为自律的过程。在这个过程中，树立榜样和给予奖励都是必要的。因此，在培养幼儿良好如厕习惯时，保育员应经常运用树立榜样和给予奖励等方法。比如，在组织幼儿排队如厕时，让未轮到的幼儿欣赏有序幼儿的良好行为；在组织幼儿洗手时，组织几名洗手方法好的幼儿进行示范，通过榜样示范，刺激其他幼儿产生要学习的愿望。同时，被学习和模仿的幼儿也会因此产生自豪感，从而巩固良好的如厕习惯。

二、注意事项

（1）各班教师要教育幼儿有便意时能主动告诉教师。

（2）允许幼儿按需要随时大小便，能安静、有序如厕，不在厕所逗留。

（3）组织幼儿分性别如厕。饭前、外出前、入睡前提醒幼儿如厕。

（4）让幼儿在保育员和教师的带领下有序如厕，不推不挤排队如厕。

（5）要用心观察幼儿如厕并给予帮助。

（6）指导幼儿正确的洗手方法，不要弄湿衣服。

（7）小心幼儿因拥挤而推倒或滑倒。

（8）提醒幼儿要节约用水，不可玩水，不要把水弄到外面，保持地面干爽清洁。

（9）要将不小心洒的水及时清理掉。

（10）如厕完毕组织带领幼儿整齐有序地走进教室。

（11）提醒幼儿用自己的小毛巾擦手。

（12）除规定的时间如厕外，其余的活动时间都可如厕，必须有保育员或教师跟随。

（13）个别幼儿有特殊情况可随时如厕，如拉肚子等，如厕完应及时通知家长。

（14）在组织幼儿如厕时，保育员也要适当地观察幼儿的小便情况，发现小便颜色加深或是小便过多、过少等问题都应该有针对性地处理；尤其是在干燥季节，保育员要督促所有幼儿多喝水。保育员可以通过集体活动讲解水对人们身体的重要性，以此来引导不爱喝水的幼儿；还可以让幼儿对比一下不同颜色的小便图片来引起幼儿对喝水重要性的关注，保证幼儿主动饮水、补充充足的水分。

三、典型问题分析与建议

典型问题一 幼儿在园经常拉裤子、尿裤子

在幼儿园里，尤其是小班幼儿，时不时地会拉裤子、尿裤子。

分析与建议

幼儿在园经常拉裤子、尿裤子的原因有 3 个：一是幼儿因贪玩忘了上厕所；二是幼儿不会脱提裤子；三是幼儿换了陌生环境不愿在幼儿园大小便。针对以上情况，保育员需要“对症下药”。例如，对于因贪玩忘了上厕所的幼儿，保育员要及时提醒他上厕所；对于情绪紧张的幼儿，要多跟他交流，用肢体语言亲近他（如抱抱、亲亲等），从而消除他的紧张情绪；对于不会脱裤子的幼儿，保育员一方面要提醒家长给孩子穿宽松的衣服，另一方面可以在区域活动中通过给洋娃娃穿、脱衣服帮助幼儿掌握穿、脱裤子的方法。保育员还可以把生活中发生的事情编成小故事，让幼儿在听故事的过程中学习如厕的方法。

最重要的一点，对于尿裤子或拉裤子的幼儿，保育员要及时为幼儿换上干净的裤子，不责怪、不批评幼儿。

典型问题二 幼儿如厕无序

在男、女生依次分别如厕时，有些幼儿不遵守规则，不等正在解便的小朋友上完，抢着如厕，结果把尿尿在身边小朋友的鞋上、身上。

分析与建议

针对案例中的情况，保育员可以这样做：①在盥洗室的墙上贴上小朋友有序排队的图片，从行为规范的角度告诉幼儿应该怎样做；②请幼儿担当值日生，帮助教师维持秩序。值日生是一个光荣的职务，是教师的小帮手，因此幼儿园的值日生活动总是受小朋友欢迎的。保育员可以请既遵守规则又具有良好行为习惯的小朋友轮流当值日生，让值日生协助自己监督和管理其他幼儿。例如，在培养幼儿良好的如厕习惯时，可以请值日生协助保育员检查小朋友是否拥挤等。幼儿的一些不良习惯在值日生的指导和督促下可以得到改进，良好的习惯也能逐步形成。

典型问题三 如厕问题行为

开学一个月了，孩子们已经习惯了幼儿园的生活，慢慢地尝试自己的事情自己做。小美是一个聪明漂亮的小女孩，每次解便后都自己提好裤子，可是保育员每次都发现，她总是把最外面的裤子穿得好好的，里面的小内裤总是缩在下面，提不上来。保育员每次都一边帮她提好裤子，一边提醒她要穿好小内裤。小美每次都满口答应，可是下次解便时总是会忘记。

分析与建议

孩子年龄小，做事情总是有顾头不顾尾的现象，像小美这样解便后只穿外裤的孩子不在少数。孩子们总是有着自己的事情自己做的愿望，但是也有这个年龄段的特点。保育员在无数次的嘱咐中，收获的成效并不大。经过认真的思考，发现存在着几方面的原因：①孩子年龄小，动作发展不健全，在提裤子的动作中，他们往往只关注了外面裤子是否穿好，提的时候也不能逐一穿好；②孩子的年龄小，对于老师的话总是听一半扔一半，在具体的活动中容易忘记老师的叮嘱。

针对孩子的特点，我们必须用具体形象的方式来让孩子学会自己提裤子的方法。于是，老师找来了班上提裤子提得好的孩子，让他给老师表演一次提裤子，老师再把过程用照片记录下来。照片冲洗好了，按解便的顺序贴在了厕所的墙上，让孩子在解便的来来往往中随时都能看见。

课后反思

1．婴幼儿的排便环境是（　　）。

A．排无定所　　B．户外

C．卧室　　D．盥洗室固定处

2.（　　）为婴幼儿大便的预兆。

A．没反应　　B．排臭气

C．语言提示成人　　D．固定姿势

3．下列关于婴幼儿的说法正确的是（　　）。

A．不排便就起来，不在便盆上玩耍

B．边吃边排

C．长时间坐盆

D．把便盆当椅子坐

4．处理幼儿遗尿问题的注意事项有哪些？

5．案例分析题。

（1）小班幼儿初入园时，由于从家庭来到幼儿园这个陌生的环境，在生活上、情感上和心理上均依赖成人的照顾，不安全感就产生了，尤其是惧怕幼儿园厕所里的蹲坑。有的幼儿经常尿裤子；有的幼儿在幼儿园几天都不大便，引起大便干燥；有的幼儿因憋大便而经常拉裤子。

如何让孩子们不害怕上厕所呢？

（2）一次活动后休息时，孩子们有的喝水，有的上厕所。这时，厕所里传来了争执的声音：“这是我第一个抢到的！老师，他推我！”

“不行，我就要第一个！”

“哇！”（哭声）……

原来，小朋友一起拥到厕所里，由于人多厕位少，有些小朋友就要等待如厕。可天天不愿意等，一进去就要抢第一。其他小朋友可不乐意了，他就动起了武力……，像这样的事情几乎每天都上演好几次。

小班幼儿刚刚从家庭中走出来，他们的独占心理比较明显。在他们的意识中，“我抢到的就是我的。”“我抢不到就打你、咬你。”因此，在与同伴的交往中常常发生冲突。

那么应该如何解决这个问题呢？

模块六　喝水环节

实习目标

1. 了解幼儿喝水的正确方法和注意事项。
2. 正确指导幼儿喝水。
3. 培养幼儿排队、礼让、不打闹等良好习惯。

一、工作内容

（一）漱口指导要点

（1）组织幼儿餐后拿着自己的饭碗或者取出自己的水杯，在茶水桶内接半碗或者半杯漱口水，安静有序地漱口。

（2）引导幼儿用鼓漱法进行漱口，提醒幼儿将漱口水含在嘴里鼓漱3～5次，再轻轻吐进水池中，不把水咽进肚子中。

（3）关注幼儿漱口的过程，发现漱口不正确的幼儿，及时耐心地给予语言和动作提示。

（4）指导幼儿漱完口后把自己的饭碗或水杯放回原处并摆放整齐。

（二）保育员在喝水环节的其他工作

（1）全天备足温度适宜的饮水，供幼儿随时饮用。

（2）在日托班每日两次的集体饮水时，协助教师照顾幼儿取水及饮水。

二、注意事项

1. 小班

（1）提醒幼儿餐后用自己的水杯接水漱口。

（2）提醒幼儿将漱口水含在嘴里鼓漱 3～5 次，再吐进水池。

（3）提醒幼儿漱口后用餐巾把嘴擦干净，将水杯放回水杯柜中。

2. 中、大班

（1）关注幼儿的漱口方法是否正确。

（2）对玩水、打闹的幼儿及时提醒和纠正。

三、常见的问题及解决策略

1. 小班常见的问题及解决策略

（1）常见的问题。

① 不会使用水杯。

② 不愿意喝白开水。

③ 水接得过多、过满。

④ 喝水时喜欢边喝边玩。

（2）解决策略。

① 通过示范、练习等方法引导幼儿学习正确使用水杯。对于个别不会用水杯和容易洒水的幼儿多加关注，进行个别指导。

② 用喝水记录图激发幼儿喝水的兴趣。

③ 通过示范、图示引导等方法让幼儿明确接水量。

④ 注意观察幼儿喝水的表现，并及时给予指导。

2. 中、大班常见的问题及解决策略

（1）常见的问题。

① 主动喝水的意识不够。

② 喝水时喜欢边喝边玩、边喝边聊天。

③ 不能根据身体的需要喝水，喝水过少或过量。

（2）解决策略。

① 设计“喝水记录表”，激发幼儿主动喝水的兴趣。

② 开展谈话等活动，让幼儿了解喝水的注意事项，避免呛水。

③ 保育人员和教师根据喝水记录，及时提醒幼儿喝水，保证每个幼儿都能适量喝水。

视幼儿需要组织集中喝水、分散喝水。例如，可在集体活动、户外活动、起床后等时间组织幼儿集中喝水，也要鼓励、提醒幼儿随时喝水（尤其是生病的幼儿），还需根据季节等情况，提醒幼儿调整喝水量。

四、典型问题分析与建议

典型问题一　刚入园的小班幼儿不爱喝水

喝水对于小班幼儿的健康起着极其重要的作用，尤其是在刚入园时他们会有一定的焦虑情绪，这时让他们多喝水，可达到去火、防病的功效。但在指导喝水的过程中教师遇到了几个问题：喝水的时间到了，教师分组让孩子排队去喝水，但有些孩子趁教师不注意只喝了一小口水就跑了；有些孩子拿着水杯走来走去，结果水没有喝到却洒了一身。最后教师只能一个一个地喂孩子喝水，所以每天都在喝水的环节上浪费大量的时间和精力，最终孩子们的喝水量也不能得到很好的保证。

分析

每一次喝水前教师都会反复强调“我们要多喝水，不能洒水，不能边喝水边说话”等，但因为小班的孩子年龄孩小，自理能力弱，教师的提醒作用不大。

建议

为了解决以上问题，3 位教师出谋划策，最后决定从保证孩子的饮水量入手，建议让每一个孩子带一个水壶进行刚入园时的过渡，让熟悉的水壶改变孩子不爱喝水的现象。

典型问题二　幼儿不能有序排队饮水

又到了集体饮水的时间，因为班上的女孩比男孩少很多，所以每次都是女孩先去。女孩子们自觉排好队，很快便喝完了水。轮到男孩子了，只见教师一声令下，男孩子们一窝蜂地涌进了饮水间，使原本就不大的饮水间拥挤不堪。他们刚开始还能遵守纪律，排队接水，可是有的孩子很快便接完了水，有的孩子则速度较慢，没过几分钟，后面的孩子就等不及了，有的孩子开始插队，有的孩子用手把玩着杯子，有的孩子交头接耳小声聊天，排在最后面的孩子甚至嬉笑打闹起来。尽管教师在不停地大声训斥：“是谁在插队？女生比你们乖多了，看看你们男生连队都排不好。排好队再接水，后边的不准讲话，大家快点！”可是，饮水间里还是乱糟糟的。

分析

上述案例中的集体饮水时间，男、女生是分开进行的。女孩子们都能遵守纪律，难道真的像教师说的，男孩连队都排不好吗？其实问题出在男孩太多，排队饮水中出现了消极等待的现象。上述案例中的教师没有发现问题的根本原因所在，在问题出现时只是一味地强调排队喝水的纪律，而没有采取切实有效的办法。

通常，消极等待出现在幼儿的集体活动时间。那么在饮水环节，怎样尽量减少幼儿的消极等待呢？

建议

（1）将幼儿分组进行饮水活动。教师可将全班幼儿分成四五组，这样一来每次饮水的幼儿人数减少了，饮水间就不会显得拥挤，饮水环境也得到改善，进而使得因幼儿长时间的无聊等待而引发的无秩序和冲突现象大为减少。

（2）班级教师分工合作。爱玩游戏是幼儿的天性，他们是以游戏为基本活动的。教师们可以分工合作，保育员负责维持饮水间孩子们的秩序，另一位教师组织喝完水的孩子进行有趣的活动，从而促使做事速度较慢的幼儿自觉地加快速度，避免其他幼儿消极等待。

课后反思

1．炎热的夏季，保育员应（　　），确保幼儿喝到足够的凉开水。

A．打开饮水桶的盖子　　B．将水桶放在通风处

C．在水桶外面加一个保温套　　D．用风扇吹桶

2．幼儿大量出汗、腹泻、呕吐后应（　　）。

A．少喝水　　B．及时补充水

C．吃饭　　D．痊愈后应大量补充水

3．幼儿喝水时应（　　）。

A．小口尝试　　B．大口喝水

C．快速喝　　D．用吸管

4．幼儿（　　）的喝水习惯是正确的。

A．慢喝水　　B．极度口渴时暴饮

C．快喝水　　D．根据每天的饮水量喝水

5．准备饮用水的注意事项有哪些？

模块七　午睡环节

实习目标

1. 了解幼儿午睡的正确步骤。
2. 了解不同年龄阶段的幼儿午睡需要注意的问题。
3. 能解决幼儿午睡时常见的问题。

一、工作内容

（一）幼儿午睡常规

《幼儿园教育指导纲要（试行）》提到："与家长配合，根据幼儿的需要建立科学的生活常规。培养幼儿良好的饮食、睡眠、盥洗、排泄等生活习惯和生活自理能力""既要高度重视和满足幼儿受保护、受照顾的需要，又要尊重和满足他们不断增长的独立要求，避免过度保护和包办代替，鼓励并指导幼儿自理、自立的尝试"。对照《3—6 岁儿童学习与发展指南》健康领域的要求和建议，可以把幼儿的午睡常规分解如下。

1. 小班

（1）在成人的提醒下，按时睡觉和起床，并能坚持午睡。

（2）在成人的帮助下，有主动穿、脱衣服和鞋袜的意愿和行为，并知道衣物应有固定的放置地点。

（3）午睡时能保持安静，有如厕及其他要求时能主动表达意愿并及时如厕。

2. 中班

（1）每天按时睡觉和起床，并能坚持午睡。

（2）能自己穿、脱衣服和鞋袜，扣纽扣，并能把自己的物品整理整齐。

（3）安静就寝，同伴间有相互协作的愿望和行为。

3. 大班

（1）养成每天按时睡觉和起床的习惯。

（2）能根据冷热增减衣服，会自己系鞋带，并能按类别整理好自己的物品。

（3）午睡姿势正确、习惯好，能指导和帮助能力弱、年龄小的同伴穿、脱衣物。

（二）组织睡眠的基本方法

睡眠对恢复机体的活动能力、保障幼儿的身体健康有重要意义，因此幼儿园应保证幼儿获得充足的睡眠。在组织午睡时，保育员不仅要创设良好的睡眠环境，还要鼓励幼儿做力所能及的事情，要对幼儿的尝试与努力给予肯定，不要因为幼儿做不好或做得慢而包办代替。同时，还要指导幼儿学习和掌握生活自理的基本方法，如穿、脱衣服和鞋袜等。

1. 睡前准备

入睡前的准备工作是保证幼儿良好睡眠的前提和保障。一般情况下，保育员应做好以下几项工作。

（1）营造适宜的睡眠环境。

保育员应注意保持寝室的空气流畅，温度适宜，光线适宜，适合幼儿安静入睡。一般来说，寝室应全天开窗通风，但在寒冷季节时可在午睡前半小时关窗以确保寝室温度适宜；午睡前应拉好窗帘，降低室内亮度；排除嘈杂的谈话或走动声响，为幼儿尽快入睡做好准备。

（2）准备适宜的床铺被褥。

保育员不但应根据季节变化及时更换适宜的被褥，还应考虑幼儿的特点安排合理的铺位。例如，把体弱的幼儿安排在避风处，把怕热的幼儿安排在通风处（但不能吹穿堂风），把难入睡或爱讲话的幼儿安排在便于保育员关注的地方；在床铺上贴上幼儿的姓名或照片，有助于教师和幼儿分辨。

（3）组织适宜的睡前活动。

保育员在幼儿午餐结束后、午睡之前可组织一些安静的活动，如带领幼儿散步，请幼儿听轻柔的音乐、情节舒缓的故事、优美的儿歌，使幼儿放松心情、安定情绪，为尽快入睡做好准备。

（4）快速排除安全隐患。

在幼儿上床前，检查其口腔内是否有食物残渣，督促幼儿饭后漱口；检查幼儿是否带有玩具或其他小物品，如果有应代为保管；检查幼儿的佩饰是否放在安全的地方，如小玩具、小饰品等。

（5）督促提醒幼儿排尿。

睡前应提醒幼儿少喝水；睡前 10 分钟提醒幼儿大小便，帮助幼儿减少生理上的干扰。

2. 睡间指导

为了保证幼儿拥有良好的睡眠质量，保育员应关注幼儿的个体差异，有针对性地提出相关要求，逐步引导幼儿养成良好的生活习惯和初步的生活自理能力，帮助幼儿逐步建立自我服务的意识。

（1）指导幼儿脱放衣物。

小班幼儿的年龄偏小，自理能力差，保育员可以指导幼儿边念儿歌边学习脱放衣物。例如，教会幼儿相关的儿歌或是采取图案提示的方法，帮助幼儿正确脱放衣物，还可以采取请大班的哥哥、姐姐帮忙的方法来指导幼儿学习正确脱放衣物的方法。而到了中班，就可以在小班的基础上偏重指导幼儿学会协作和相互帮忙，互相提醒、监督，逐步养成正确的脱放衣物习惯。大班幼儿的自理能力增强，保育员可以请值日生协助指导和监管，并适时进行指导和整理，保证班级幼儿的常规基本达到统一标准：将鞋袜放在床下，将外衣、外裤叠整齐放在指定的位置，把外衣放在外裤上面便于起床时穿着，幼儿能按顺序脱放衣物，形成“脱放鞋袜—叠整衣裤—料理床铺—上床盖被”的生活自理习惯。

（2）纠正幼儿的不良睡姿。

保育员应坚持每天提醒幼儿右侧卧躺下，尤其是对于小班幼儿，他们对左右方向还不能清楚识别，保育员可用示意图或是语言进行提示。例如，对幼儿说：“我们的小脸要和小枕头交朋友，把小脸贴到拿勺子的手的这一边的枕头上。”发现幼儿有不良睡姿时，保育员应立即指导幼儿纠正，冬季应提醒幼儿将被子盖到脖子下面，把双手放入被子中；发现幼儿踢被子或蒙头睡，应及时帮忙盖好或拉下被子，并在起床后及时对幼儿进行教育。

（3）安抚幼儿快速入睡。

幼儿精力旺盛，兴奋时间长，上床后很难在短时间内入睡，保育员可以用轻柔的语气对全体幼儿提出睡眠的要求。例如，“把眼睛、嘴巴闭上”“静静地躺着”“把身子侧过去”“把小手放入被子里”，“让我帮你把被子盖好，要不然小脚丫会露出来，你会冷的”等；也可以用轻缓的抚摸、暗示的表情或提醒的手势等引导不能入睡的幼儿尽量入睡；还可以在入睡前跟小朋友交代任务：“请小朋友们做个好梦，醒来后我们比比谁的梦最美”。引导幼儿尽量克制自己闭上眼睛，进入梦乡。

（4）坚持巡回检查。

值班人员全程不得擅离班级，不得做与工作无关的事，确保能以最快的速度到达发生意外的幼儿处。应坚持每 15 分钟巡回检查一次，观察幼儿的睡眠情况，冬天及时为幼儿盖好被子，夏天注意调节室内温度，为出汗的幼儿擦去头上的汗水；特别要关注吃药发烧的幼儿，做到有异常情况能及时处理。

（5）落实交接班制度。

教师或保育员应向午睡值班人员做好交接班工作，明确说明幼儿的情况和应特别需要关注的地方；值班人员应做好午睡观察记录；还应注意做好活动室和寝室温度的衔接，在幼儿进入前提前调节空调的温度，避免温度过高或过低导致的身体不适。

3. 起床整理

起床整理是容易让保育员忽略的环节，做得好可以减少混乱，避免幼儿生病；做得不好会引来家长的不满，也可能导致事故发生。保育员应该做好以下几点。

（1）营造起床环境。

不管在冬季还是在夏季，保育员都应在幼儿起床前 5 分钟将窗户关好，避免幼儿着凉。然后，播放安静轻柔的音乐或节奏平缓的故事，轻柔地唤醒幼儿。对于赖床的幼儿，可轻拍或轻声叫醒他。

（2）督促幼儿起床自查。

指导幼儿坐在床上先穿好上衣，再起身穿裤子，以防感冒；提醒幼儿自查，看是否存在少穿了衣服、穿错了裤子、漏穿了袜子、穿反了鞋子等情况。如果存在这些情况，请幼儿及时调整，使幼儿逐步养成正确的起床穿衣习惯。而对于年龄偏小、自理能力又较弱的小班幼儿，保育员应等班上其他两位教师都到了再叫幼儿起床；而对于醒得较早的幼儿，可以采取谁先醒就先帮助谁穿衣的方法逐步进行。在督促幼儿自查方面，可以请大班的哥哥、姐姐帮忙，这样就可以避免幼儿等待。

（3）严格午检制度。

保育员应在幼儿起床过程中观察幼儿的精神状态，对表现异样的幼儿，如平时活跃的幼儿突然很安静、幼儿脸色苍白或者有不正常的潮红等，保育员要即刻进行体温检查，或是送到医务室请保健医生处理。尤其是对于托、小班的幼儿或者性格内向的幼儿，保育员更要仔细、重点地进行观察，做到有问题及时处理。

（4）协助整理寝室。

幼儿的起床速度不一样，教师和保育员应提前做好分工，一人为女孩梳头，另一人组织其他孩子如厕、饮水或游戏；待全部幼儿离开寝室后，教师可协助保育员整理好床铺，保持床面整洁，枕被摆放整齐；保育员负责打扫寝室卫生，开窗通风，保持寝室空气流通。

二、注意事项

（1）全面关注幼儿的午睡情况，随时巡视，为踢被子的幼儿盖好被子。

（2）适当开窗，保持寝室内空气新鲜，避免对流风吹在幼儿身上。

（3）轻声提醒并照顾常尿床的幼儿起床如厕，发现幼儿尿床要及时换洗、晾晒寝具。

（4）鼓励幼儿在感觉身体不舒服或发现同伴有异常情况时及时告诉老师。

（5）幼儿出现高烧、惊厥、腹痛等紧急情况，应立即采取恰当的方式处理，必要时通知保健大夫或相关人员，立即带幼儿去医院就诊。

（6）个别幼儿做噩梦哭喊时，要迅速赶到他身边，用轻柔的语言、亲切的抚慰或者帮他调整睡姿，使其恢复平静继续入睡。

（7）提醒早醒的幼儿保持安静，不影响同伴。

（8）看睡时，注意力集中，动作轻柔，轻声说话，不离岗、不做私活、不会客、不吃零食、不睡觉等。

（9）建立午睡巡视制度，将幼儿午睡时的具体情况详细记录下来，如情绪状况，是否咳嗽、流鼻血、睡眠异常等，便于离园时及时反馈幼儿的午睡情况，提醒家长注意。

（10）培养幼儿正确睡姿的注意事项：①幼儿睡眠姿势异常预示着生理和行为的异常；②保育员在改变婴幼儿不良的睡姿时，应做到动作轻柔，避免弄醒幼儿。

三、典型问题分析与建议

典型问题一　幼儿迟迟不能入睡

幼儿园的小班幼儿常常出现迟迟不能入睡的情况。

分析与建议

幼儿园的小班幼儿一开始往往难以独立入睡，分析起来，可能存在两个方面的原因：一是幼儿来到陌生的环境，因为内心焦虑或过于兴奋难以入睡；二是在家养成了大人哄睡或陪睡的习惯，一时难以适应独立入睡。因此，建议保育员扮演家长的角色，轻轻拍着幼儿入睡，使他们深深地感受到“老师喜欢我”“老师和妈妈一样好”，从而情绪放松，逐渐对新环境产生安全感。当幼儿适应环境后，保育员再逐步减少陪伴的次数，直至幼儿能够独立入睡。对于依恋家长不能入睡的幼儿，教师或者保育员可以让幼儿带一张家长的照片，让幼儿的心理得到安慰。对于一些分离焦虑严重的幼儿，保育员要与其家长协商，让幼儿午饭后回家睡觉，从半日入园逐渐过渡到全天入园。有的幼儿精力旺盛，保育员不要强求幼儿必须入睡，否则会让幼儿产生心理负担，可以对幼儿说：“睡不着没关系，闭上眼睛，躺着休息一会儿。”

典型问题二　幼儿采用趴睡、跪睡、蒙头睡等不良睡姿

有些幼儿常采用趴睡、跪睡、蒙头睡等不良睡姿。

分析与建议

不正确的睡姿常常与家庭生活习惯有关，可能是幼儿模仿成人形成的，也可能是成人不太重视孩子的睡姿导致的。因此，保育员要分别跟幼儿和家长讲解正确睡姿对身体的益处和不正确的睡姿对身体的影响，要说明右侧卧是比较适宜的睡眠姿势——不会压迫心脏，睡眠有稳定感；而仰卧容易导致舌根下坠，阻塞呼吸；俯卧会压迫心脏和肺部；左侧卧会压迫心脏、胃部，容易让人在睡觉时翻来覆去，睡眠不稳定。对幼儿应多鼓励，多让幼儿模仿正确睡姿，督促其采用正确的睡姿；与家长则应多交流沟通，并请家长在家里配合、指导幼儿采用正确的睡姿。此外，对于趴着睡、吃被角的幼儿，教师可以说：“小脸和枕头是好朋友（侧身睡），两只小手是好朋友（握在一起），和你的小手捉迷藏（藏在被子里）”。

典型问题三 幼儿午睡时常出现跟风的情况

幼儿在午睡过程中，经常会有这种情况出现，即当一个幼儿不知为何笑起来后，另一个幼儿也会莫名地跟着笑，接着其他幼儿也都起哄，大家兴奋起来，相互影响，难以入睡。

分析与建议

对于这样的情况，常用的方法就是睡前讲故事。保育员或者教师应顺应幼儿喜欢听故事的特点，引导幼儿迅速安静下来，约定安静后才开始讲故事，幼儿表现好就多讲几个故事，表现不好就减少故事的数量。为了避免幼儿越听故事越兴奋，选择的故事内容应以情节简单、情节冲突不太激烈为宜，且教师的声音不宜过大。

典型问题四 幼儿患有“安慰物”症

幼儿园里还有一些幼儿午睡时要抱着诸如布娃娃和毛巾之类的东西才能入睡。

分析与建议

对于这样的幼儿，在不影响其他幼儿入睡的情况下可以允许他们继续抱着，待幼儿逐步适应幼儿园的环境后，再采用鼓励和转移注意力的方法帮其戒掉对这些物品的依赖。例如，有的幼儿有睡觉咬手指的习惯，保育员可以握住幼儿的手陪幼儿入睡，或者对幼儿说：“睡觉啦，锁门啦（小手合起来），把锁放在枕头旁”。或者将安慰物放在幼儿能看到的地方，使幼儿相信正和它一起睡或着它看着自己入睡。而对于一定时间内情况好转的幼儿，保育员应和其家长联系，用语言奖励或是约定好的物质奖励等帮助幼儿巩固。

课后反思

1.（　　）的幼儿可以提前进入寝室，提前睡觉。

A．不喜欢睡觉　　B．精力旺盛

C．睡觉时间长　　D．体质好

2．保育员应根据（　　），掌握幼儿睡眠中如厕的次数。

A．时间和活动量　　B．活动量

C．气温和时间　　D．气温和饮食

3．幼儿睡眠的正确姿势是（　　）。

A．仰卧　　B．跪睡

C．缩成一团睡　　D．蒙头睡

4．全体幼儿起床后，保育员对尿床幼儿的处理是（　　）。

A．让幼儿自己清洗尿湿的衣物　　B．批评教育

C．清洗晾晒尿湿的衣物和被褥　　D．把尿湿的被褥卷起来，让家长带走

5．保育员在幼儿睡眠时间更换遗尿幼儿的衣物和被褥应（　　）。

A．速度慢　　B．声音大

C．吵醒其他幼儿　　D．速度快

6．分析下面案例指出保育员的错误做法并说明正确的做法。

午睡时，保育员何某一边大声督促幼儿快闭上眼睛好好睡觉，一边取来水桶，对寝室地面进行洗擦。

模块八 离园准备

实习目标

1. 了解幼儿离园时需要注意的事项。
2. 能够协助其他教师顺利完成幼儿的离园。
3. 能够解决幼儿离园时遇到的常见问题。

一、工作内容

结合离园环节幼儿的常规要求，教师要根据不同年龄段幼儿的实际表现，有重点地实施教育和引导。

1. 托、小班幼儿

（1）离园前，与幼儿进行亲切的互动，帮助他们回想一天中快乐的事情，稳定幼儿情绪，鼓励他们的点滴进步，使幼儿感受到自己很能干。

（2）通过游戏口吻与幼儿约定明天再见，使他们保持良好的情绪回家。

（3）帮助幼儿穿好外衣、提好裤子、检查鞋子。冬春季节要注意随时帮助幼儿提裤子，避免小肚脐着凉。

（4）引导幼儿学习整理仪表的方法，重点指导幼儿整理衣袖和提裤子。

（5）将幼儿早上带来的玩具或布娃娃等放在显眼的位置，方便幼儿带走。

（6）引导幼儿分清自己和别人的物品，让幼儿知道不是自己的东西不能带回家。

（7）检查幼儿有无尿湿裤子、弄湿袖子等情况，随时帮助幼儿更换和整理，并及时反馈给家长。

（8）组织幼儿进行重复性游戏、角色游戏、区域建构等活动，使幼儿能够稳定情绪，耐心等待家长来接。

（9）接待家长时要兼顾未离园幼儿的个别活动和交往，及时介入，给予适时指导，帮助幼儿解决小冲突和小问题。

（10）运用情景、故事等引导幼儿理解区域活动的规则，使他们能够愉快结束游戏和活动，跟随家人离园。

（11）鼓励幼儿离园时有礼貌地和教师、小朋友说再见。

（12）引导幼儿离园前将玩过的玩具和材料放到固定的位置，摆放整齐。

（13）具体详细地向家长介绍幼儿在园的一日活动情况，并提出指导性建议，家园配合一致对幼儿进行教育。建立离园接送制度，如幼儿离园家长签字制度、与家长签订《授权委托书》、安装幼儿入离园安全识别系统等。要求家长指定相对固定人员接送幼儿，教师要认真辨认接送人员，确定后把幼儿交给接送人员，并请接送人员在“离园签字表”上签字后才离开。确保接送安全，避免错接、漏接现象发生。

2. 中、大班幼儿

离园前，鼓励幼儿用不同的方式记录和表达一天愉快的生活，引导幼儿学习关注、欣赏和赞美同伴。

（1）引导幼儿学习整理书包、穿外套等自我服务技能。

（2）指导幼儿有序地取放、管理自己的物品，培养幼儿做事认真仔细的良好习惯。

（3）为幼儿提供丰富变化的环境和材料，吸引幼儿专注和投入，促进其交往合作能力的发展。

（4）鼓励幼儿尝试运用轮流、协商等方法解决自主交往中的冲突和问题。

（5）有计划地引导幼儿带着亲子小游戏回家和父母一起玩，培养幼儿初步的任务意识和责任感。

（6）鼓励幼儿主动与教师和同伴道别，支持幼儿之间自主友好的约定。

（7）引导幼儿协助教师做好活动室物品、材料的归类摆放和卫生清理工作，帮助幼儿建立初步的劳动意识。

（8）有针对性地做好家园沟通，达成有效互动，共同促进幼儿各方面的成长和进步。

（9）提醒幼儿回家途中的注意事项，进行交通安全和饮食卫生教育。

（10）有陌生人接幼儿时，首先与家长取得联系，在得到家长同意后，请陌生人在“离园签字表”上书面签字后，方可把幼儿交给陌生人。慎重对待有特殊家庭背景的幼儿。

二、注意事项

（1）离园前，教师与幼儿进行简短谈话，同他们一起回顾一天的生活，表扬好人好事；对他们进行安全教育和礼貌教育，提醒他们回家的注意事项。

（2）离园前检查幼儿的仪表是否整洁，提醒幼儿带好回家的用品。

（3）离园时，家长来接孩子，可在这时进行与家长的联系工作，向家长介绍幼儿在园情况，对未及时接走的孩子应组织适应活动等待家长来接。

（4）离园时间，要防止幼儿走失或被不认识的人带走。

三、典型问题分析与建议

典型问题一 托、小班幼儿离园时存在情绪问题

离园是托、小班幼儿最快乐、最盼望的时刻，特别是新生来园初期，他们的这种表现更加明显。这种急切的心情可能会导致托、小班幼儿在离园时存在以下问题。

1. 渴望见到家人，心情着急

幼儿入园初期，在离园时有的幼儿一见到家长就跑着扑到家长的怀里；有的不停地叫妈妈，在妈妈的脸上亲了又亲；有的会一下子扑到家长怀里，委屈地大哭一场；也有的会一直让家长抱着走回家。出现这些问题的原因是，幼儿初到幼儿园，周围环境的变化让他们感到陌生和无助，甚至出现心理焦虑。等到父母来接时，紧张不安的情绪瞬间得以释放。有些家长想见到孩子的急切情绪也或多或少地影响到幼儿的离园情绪。即使到了小班阶段，个别幼儿因父母接得比较晚，看到同伴陆续被接走，情绪也会出现不同程度的波动。

2. 整理、归位意识不足

托、小班幼儿在离园时通常是玩具散落一地、小椅子东倒西歪、自己的物品不知道带走，家长来接时把手里的东西扔下就走，之后的整理工作多数需要家长和教师帮忙。之所以出现这样的情形，一方面是因为托、小班幼儿年龄小，各方面技能准备不足，规则意识、归位意识都比较欠缺；另一方面是因为离园时幼儿急于见到家长，没有心情收拾整理。此外，平时家长包办代替多，幼儿没有自己整理的意识和习惯。

3. 没有建立安全感，不能投入地玩

有的幼儿在离园时间不离开教师半步，嘴里反复说着同样一句话："给我妈妈打电话""我要找妈妈"；还有一部分幼儿不参加任何离园活动，或者眼睛一直盯着门口，或者抱着自己依恋的物品呆坐。究其原因是因为这些幼儿还没有与教师建立起真正的依恋关系。从幼儿的天性来说，他们对幼儿园的玩具、游戏应该是很感兴趣的，但因缺乏安全感导致他们并不能投入地玩。等到家长来接时，他们觉得安全放心了，所以就会缠着家长和自己一起玩，久久不肯回家。

分析与建议

面对托、小班幼儿离园环节存在的情绪问题，教师要积极引导幼儿离园时保持稳定愉悦的情绪，乐意参与离园活动，体验与教师、同伴相处的快乐。同时，还要积极带领幼儿一起参与整理环境、整理仪表等自我服务的过程，帮助幼儿建立初步的归位意识，让幼儿学习简单的整理技能，逐渐摆脱对成人的依赖，使幼儿感受到自己的能干，树立自信心。

实施身体互动、情景渲染的指导策略：教师要善于运用亲切的身体互动、情景游戏，营造快乐有趣的情绪氛围，使幼儿保持身心愉悦、放松。

典型问题二 回应家长的态度与方式有误

和往常一样，幼儿离园时间到了，家长陆续进来了。教师看见一一的妈妈来了，连忙请她到活动室里面等一等，说有事要商量。等其他孩子都被接走后，教师才把一一领到他妈妈面前，告诉家长一一在幼儿园被同伴咬了。当看到儿子右手大拇指上方清晰的、红红的一大圈印迹，靠虎口位置的牙印处还有点渗血时，这位妈妈顿时脸色大变且怨气冲天："天哪，孩子被咬成这样，你们老师没有处理吗？"教师急于解释："您这么急干什么，我们一样心疼孩子，可是刚才人太多……”“孩子只有这么小，却被咬成这样，你们根本就没管！算了不说了，你们太不负责任了！”容不得教师解释，家长就带着孩子怒气冲冲地走了。

分析

很明显，事件中教师面对家长时的处理方式有误，孩子在幼儿园受了伤，责任应该归于教师。教师回应的态度让家长愤怒，所以家长才在教师面前不顾情面扬长而去。那么，教师该怎样做呢？

建议

（1）及时道歉，态度要真诚。孩子弱小，缺乏自我保护能力，当孩子在幼儿园受到伤害时，责任确实应该归于教师。如果教师用真诚的态度及时向家长道歉，和颜悦色地与家长交流，家长应该会原谅教师的过失。如果教师的语气平淡，势必会让家长认为教师缺乏爱心，没有责任感。上述案例中，家长欢欢喜喜地来接孩子，却被教师要求在一旁等待，等室内无人时才被告知孩子受伤了。当家长看到孩子被咬的手时，教师不仅没有表示，还说让家长不要急。这无疑是给家长火上浇油，所以家长发脾气在所难免。

（2）细说经过，给予抚慰。当孩子受到意外伤害后，教师向家长道歉后还必须马上把事发经过详细地告诉家长，如怎样帮孩子处理伤口、怎样护理孩子，让家长对事情起因和教师的处理方式有所了解。如果是由孩子和同伴间的纠纷引起的，还可以和家长一起分析孩子的行为，帮助孩子改过。如果是其他原因让孩子受到伤害，教师可以当着家长的面教孩子一些自我保护的小知识，顺便安慰孩子和家长，给予他们精神支持和情感抚慰。

（3）换位思考，体谅家长。孩子是家长手心里的宝，家长看到孩子受伤时，情绪难免激动。教师要等家长说完后再与之冷静交流，做到动之以情、晓之以理，让家长体会到教师是站在家长的角度设身处地地为孩子着想。

（4）尊重家长，重视沟通。家长之间的差异是客观存在的，由于职业、性格、文化水平等因素的不同，家长间的教育观念和教育方法也不尽相同。这就需要教师深入了解，以便有针对性地与家长沟通。教师应该学会与不同性格、不同职业、不同文化水平的家长交流，让每位家长都能感受教师对孩子的关注和重视。

课后反思

1．为了防止幼儿在离园时遇到危险，需要注意哪些事项？

2．你还有哪些方法能防止幼儿走失或者被陌生人接走呢？

模块九 班级卫生

实习目标

1. 了解幼儿园班级卫生的标准和要求。
2. 了解幼儿园消毒的要求和正确步骤。
3. 能正确进行清洁和消毒工作。

一、工作内容

（一）清洁工作

1. 幼儿园清洁卫生质量标准

幼儿园里无小事，即使是简单的清洁卫生工作也应力求做到卫生无死角。幼儿园的大环境需要常扫常净，班级里的小环境更要落实到人，要常擦常新。保育员每天必做的工作之一就是保持幼儿活动室、寝室和盥洗室的卫生，因为活动室、寝室和盥洗室是幼儿在园生活的主要场所，其卫生状况直接影响幼儿的健康和幼儿园的教育工作。那么，幼儿园活动室、寝室与盥洗室的卫生质量应该达到什么样的标准呢？

一般情况下，可以从以下几个方面来进行衡量。

（1）活动室的卫生质量标准。

① 活动室要经常通风，保持空气新鲜。

② 活动室的地面要求整洁、不潮湿，以免幼儿滑倒。

③ 活动室内的窗户要明亮，确保光线充足。

④ 活动室内的家具摆放合理，物品摆放整齐，各种布置无尘垢。

（2）寝室的卫生质量标准。

① 幼儿的寝室要求通风良好，保证幼儿在临入睡前和起床后能及时通风换气，保持空气清新。

② 寝室内的温度要适宜，室内温度尽量保持在16～18℃，冬季提前做好关窗防寒取暖工作，夏季提前做好通风降温工作。

③ 寝室内的床铺、枕头等物品要摆放得整齐、有序，方便幼儿取放和出入寝室。必要时需要有一定的标识作为提示，如把小脚丫贴纸贴在地面上，提示幼儿整齐摆放鞋子等。

④ 寝室内要保持窗明几净，床栏杆、暖气片、窗台、柜子等无尘土和污物。

⑤ 寝室内的墙壁要保持干净，灯罩上下无灰尘。

（3）盥洗室的卫生质量标准。

① 盥洗室内无异味，保持通风和清洁。

② 盥洗室水池下的水道处无积水、无污物，幼儿的毛巾及洗漱用品有序摆放并保持整洁。

③ 盥洗室的地面无积水、无污渍、无垃圾杂物。

④ 盥洗室的门、窗户、镜子、灯、柜等物品保持清洁干净，消毒液等可能带来危险的物品要放在幼儿够不着的地方。

⑤ 盥洗室的便池、马桶要及时冲洗，做到无尿碱、无臭味、无苍蝇。

要保持幼儿园的清洁卫生，保育员不仅要眼里有活、心中有数，更要做到有计划、有质量地完成每日的卫生清洁工作；同时，也要根据本班幼儿的年龄特点和需求，有针对性地加强和提升幼儿的生活自理能力，引导幼儿逐步实现自己为自己服务并能有意识地帮助同伴的目标。

2. 幼儿园清洁卫生操作技能

并非每个保育员都能把工作做得完美无缺。用心的保育员会在常年重复的工作中积累丰富的经验，掌握比较简便、快捷的操作技能，使每一次的清洁工作都能做到有章有序，使班级的清洁卫生工作常年保持良好，这些是一个优秀的保育员需要具备的素质。下面列举一些实用且简洁的清洁卫生操作技能。

（1）扫地的操作技能。

① 扫地时一般是按照由里向外的顺序清扫，这样有利于垃圾的整理和集中，也便于清理。

② 清扫木板地或瓷砖地面时可用湿扫帚，而清扫砖瓦地时要用干扫帚。

③ 扫地时一定要将扫帚轻轻压住，以免尘土飞扬。

（2）拖地的操作技能。

① 先把家具和物品下面的地面擦净，再擦其他位置的地面。

② 拖地时要压住墩布，按照从左向右的顺序横拖，到两头时不要抬起墩布，可将墩布用力一转，把脏物带走，这样不至于留下卫生死角。

③ 拖地时一般是从房间的里面向门口倒退着拖，以防把拖干净的地面踩脏。

④ 每拖完一遍地面，要视地面的清洁状况不断地洗涮墩布，以保持墩布的清洁。

⑤ 要按房间的不同准备专门的固定墩布，用完清洗后要放回标有标识的固定位置，不可混用。

（3）寝室的操作技能。

① 清洁寝室时，操作顺序一般是先开窗通风，再整理床铺，最后进行擦拭工作。

② 寝室的窗帘应每月清洗一次。

③ 寝室应按照窗台、灯、墙、柜、床的顺序擦拭，每日都应对窗台、柜子和床进行整理、擦拭。

④ 寝室里的床应按照从上到下的顺序进行擦拭，做到无灰尘、无死角，同时要定期对床的垫被进行抽查，查看有无异物和垃圾，并做到及时清理。对于床铺经常出现类似状况的个别幼儿，要进行针对性的引导和提示。

（4）盥洗室的操作技能。

① 擦拭不同位置的抹布和墩布应加以区分并固定，用完后放置到标有标识的固定位置，不可混用。

② 盥洗室一般的操作顺序：开窗通风—清理污物—冲洗便池、水池—清洁窗框、墙壁、灯、镜子及柜子—清洁地面。

③ 便池和马桶每使用一次都要及时用水冲干净，每日早、中、晚各刷洗一次，每月用厕所清洗剂彻底刷洗一次。

④ 盥洗室内的水池每日要打扫干净，用洗衣粉或去污粉将油腻刷洗干净。

⑤ 盥洗室的地面要保持无积水、无污渍、无死角，每次幼儿集中进入盥洗室后都应快速清理一次。

⑥ 盥洗室的镜面要保持干净，无水迹、污渍，每日用半干抹布擦拭一两次。

（二）消毒工作

幼儿园的消毒工作关乎幼儿的健康成长和生命安全，尤其在传染病高发时期更是重中之重。幼儿的年龄小，自身抵抗力差，保育员做好消毒工作可以把传染源隔离或消灭在萌芽状态，减少或杜绝不安全事件的发生。

1. 幼儿园消毒工作的质量标准

对幼儿所接触的各种物品进行消毒是一项关系到幼儿身体健康的重要工作，国家卫生部在《托儿所、幼儿园卫生保健制度》中就明确规定了相关的消毒制度，而执行好这一制度不可或缺的人员之一就是保育员，他们必须明白幼儿园消毒工作的质量标准。

一般情况下，幼儿园的消毒工作有如下标准。

（1）幼儿园一般清毒工作的质量标准。

① 保育员应掌握常用消毒液的配制及使用方法，能按要求对各种物品进行消毒。

② 毛巾、水杯、门拉手、水龙头等物品每日消毒一次。

③ 熟悉经常性物品、日常用品的正确消毒方法。

（2）幼儿园预防传染病消毒工作的质量标准。

① 在保健医生指导下配合保健医生对传染源消毒。

② 掌握儿科常见传染病的预防和消毒方法。

从上面的阐述中可以看出，保育员的工作不仅仅是体力劳动的不断重复，更蕴含着精细的科学操作标准。要达成上述标准，保育员需要长期不断地实践，逐步掌握相关的技能技巧。

2. 幼儿园消毒工作的操作技能

幼儿园消毒工作有比较详细的操作程序和操作规定，保育员在进行消毒工作之前应该熟悉和了解幼儿园消毒工作的操作技能。

（1）幼儿园常用消毒液的配制与使用。

幼儿园常用的消毒药品大都是含氯的消毒剂，其中 84 消毒液、漂白粉等使用较为广泛。作为幼儿园保育的一项常规工作，保育员应该根据消毒药品的说明书，学会独自配制适宜浓度的消毒液。

① 幼儿园常用消毒药液的配制公式。

在相关的专业书籍中，关于幼儿园常用消毒药液配制的公式一般有以下 3 种。

● 以药物商品剂型为百分之百基数配制，其配制计算公式为：

所需药量＝欲配制的浓度×欲配制的数量

加水量＝欲配制的数量－所需药量

例如，欲配制 5%来苏水溶液 100 千克，问需要来苏原药和水各多少？计算后得知，需要来苏原药 0.05×100＝5（kg），需要水 100－5＝95（kg）。

● 以所含实际有效成分为基数配制，其配制计算公式为：

所需原药量＝欲配制的浓度×欲配制的数量/原药含量

加水量＝欲配制的数量－所需原药量

例如，把含量为 15%的过氧乙酸配制成 0.2%的溶液 75 千克，问需要用含量为 15%的过氧乙酸多少？需要水多少？计算后得知，需要过氧乙酸 0.2%×75/15%＝1（kg），需要水 75－1＝74（kg）。

● 固体消毒品的配制。一般先将所需药量计算好并称出后，放入有刻度的容器内，加水至所需配制的数量即可。

② 常用消毒药液使用的注意事项。

无论使用何种消毒药剂，保育员在配制、使用、放置等时，既要注意自身的安全，又要严格按照使用说明和规定进行操作。同时，还应注意幼儿的安全，把消毒剂放在幼儿拿不到的地方。此外，消毒药品不同，其特点不同，配制方法不同，使用方法和注意事项也应有所不同。

● 配制漂白粉的注意事项：首先，要注意不能让药剂受潮，否则药剂会结块，导致失效；其次，配制漂白粉溶液时，需先在漂白粉中加入少量水，把漂白粉调成糊状，然后加水搅匀；再次，漂白粉溶液的使用期为 10 天左右，要避光、避热保存，以防失效；最后，不能使用漂白粉对有色织物或金属物品进行消毒，以免发生变色或是不良的化学反应。

● 使用 84 消毒液的注意事项：消毒物品经过 84 消毒液消毒后，必须用清水进行多次冲洗，一定要将残留在物品上的消毒液全部冲刷干净，以免幼儿直接接触后引起中毒。

幼儿园常用消毒液的配制应根据不同地点、不同物品、不同季节在浓度的调配上有所变化，这需要保育员有针对性地灵活运用、安全使用。

（2）幼儿园日常生活用品的消毒。

幼儿园日常消毒的生活用品包括每日必须消毒的生活用品，如毛巾、水杯、餐具、抹布等，还包括需要经常性消毒的物品，如玩具、图书、被褥、床单等。因为这些物品幼儿几乎每日都会用到，所以按照要求逐项进行消毒是每一位保育员必须掌握的技能。

① 每日消毒的生活用品。

● 毛巾和毛巾架：消毒毛巾时首先要用自来水浸湿，然后放洗涤剂浸泡 20min 左右，接着要认真搓洗和漂净，随后用浓度为 0.5%的洗消净或 84 消毒液浸泡 5～10min，最后用流动水冲洗干净；也可采用沸水煮 15～30min 或蒸汽消毒 10～15min 的办法进行消毒。毛巾架每日用清水擦去浮灰，每周用消毒液擦洗一遍。

● 水杯和水杯箱。给水杯消毒时，首先要用白洁布擦拭杯口、杯内（蘸去污粉或洗涤灵），用小刷子刷洗水杯的把手，接着用流动水冲洗干净，再用沸水煮 15～30min 或蒸汽消毒 10～15min。幼儿水杯要有专用水杯箱（橱）存放，水杯箱每周清洗消毒一遍，每天用清水擦一遍。水杯箱的布帘每周清洗一次。

● 保温桶。保温桶是每天用来给幼儿盛开水的。每天，保育员应将保温桶四周及盖子、壶嘴用清水擦洗一遍，一般每周清洗消毒一次。

清洗保温桶的内胆时，先用肥皂水清洗一遍，冲洗干净后再用消毒液浸泡 10min，然后用清水冲洗干净。传染病流行季节应每天消毒。

● 餐具饮具和盛放直接入口食品的容器。餐具、饮具和盛放直接入口食品的容器、使用前必须洗净，消毒，严格执行“一洗二清三消毒四保洁”制度。幼儿园餐具的消毒是保育员每餐必做的事情，首先要用洗涤剂把餐具洗净，接着用清水冲洗干净，最后用合适的方法进行消毒，首选煮沸消毒，也可用蒸汽、消毒柜消毒。

● 门把手、水龙头、桌椅。幼儿园门把手、水龙头、桌椅等的消毒应在清洁的基础上，用浓度为 0.5%的洗消净或 84 消毒液擦拭两三遍，液体滞留 10min 后，用清水擦洗干净。

● 厕所。幼儿园厕所、坐便器的消毒要先用浓度为 10%～21%的漂白粉乳剂浸泡 15min，然后刷洗干净；厕所水龙头、门把手、手接触的门和墙面每日用浓度为 0.5%的 84 消毒液喷洒两次，消毒液作用 10～15min 后清理干净；厕所地面每次用浓度为 1%的 84 消毒液喷洒，消毒液滞留 10min，再用拖把擦干净，拖把用后清洗悬挂晾干。

● 抹布、拖把。抹布和拖把使用后，要先用水将黏附在抹布上的污物冲洗掉，接着将抹布用肥皂或洗涤剂洗净，最后用浓度为 0.5%的 84 消毒液或漂白粉澄清液浸泡 10 分钟后冲净。

② 经常性消毒的物品。

● 玩具。玩具是托幼机构必备的物品，也是幼儿接触最多的物品，但玩具很容易被病原微生物污染。在幼儿园，玩具的污染程度比衣服、被褥、餐具等更为严重，尤其是低龄幼儿喜欢将玩具放入口中，如果清洁消毒不严，很容易传染疾病。

玩具的清洗消毒一般每周一次。对于耐水的玩具，可把洗涤剂加入热水中来清洗，缝隙处还要用刷子刷洗，再用清水将洗涤剂冲洗干净，然后把玩具放在阳光下晒两小时。

对于不怕高温或不变形的玩具，如毛绒玩具、布玩具等，可清洗干净后放入清毒柜消毒。消毒液的腐蚀性较大，浸泡玩具容易脱色，所以铁制玩具、木头玩具可用酒精或消毒液擦拭或通过日光照射消毒。

玩具柜应每天用清水擦洗一遍，每周用消毒液擦拭一两遍，室外大型玩具通过日光照射消毒，但要定期冲洗。

幼儿使用的美工剪刀、尺子等，每周放入消毒柜消毒或用酒精、消毒液擦拭。

- 图书。每周应将图书、画报放在阳光下暴晒 4～6h，以杀灭大多数微生物，暴晒时要注意经常翻动；也可以用紫外线等照射消毒，但要求近距离照射。对于被污染、破损的玩具、图书，要及时更换。
- 被褥、床单。幼儿园的被褥、床单基本上是个人专用，被褥每学期拆洗一次，每周视天气情况户外日晒一次，时间不少于两小时，每晚紫外线消毒一小时；全托幼儿每两周换洗床单、枕巾一次，日托每月换洗一次。紫外线消毒的注意事项：紫外线消毒时，室内儿童必须全部离开，每次用后记录使用时间，超过 1000h 的使用时间应及时更换设备，房间内消毒时，空气、地面应保持干燥、清洁，否则会影响消毒效果；给图书、衣物、玩具等消毒时，要定时翻动，使各个面都得到紫外线的照射。

（3）幼儿园预防常见传染病的消毒。

对于常见传染病的消毒和预防是幼儿园非常重要的保育工作之一，保育员需要掌握经常性的预防工作和常见传染病的消毒措施两大部分内容。

① 经常性的预防工作。

经常性的预防工作主要包括以下几项内容。

- 严格执行晨、午、晚检查和全日观察，发现患病幼儿及时进行隔离。
- 经常开窗通风换气，保持室内空气新鲜。
- 培养幼儿良好的个人卫生习惯，尤其关注幼儿良好饮食卫生习惯的培养。
- 合理安排幼儿在园的一日生活，为幼儿准备营养均衡的膳食，保证他们健康成长。
- 经常组织幼儿进行户外身体锻炼，增强幼儿的体质，提高幼儿的抵抗力。

- 严格按照相关制度认真做好日常清洁和消毒工作，消灭蚊蝇，减少疾病传播的机会。

② 常见传染病的消毒措施。

随着季节的变化，幼儿园的孩子在交叉传染下会患上一些易发的传染病，如流行性感冒、水痘、病毒性腮腺炎等呼吸道传染病，偶尔还会引发细菌性痢疾等消化道传染病，这就要求保育员必须掌握一些常见传染病的消毒技能，这样才能保证幼儿不被继续传染，确保孩子们健康成长。

- 呼吸道传染病的消毒。

对于呼吸道传染病的消毒，首先要做到的就是开窗通风。幼儿的居室除了每天坚持按照幼儿园的规定开窗通风外，在呼吸道传染病（流感、风疹、水痘等）发生时，保育员还应保证每天开窗通风 3h。其次，保育员应在保健医生的指导下迅速采用紫外线灯或药物对室内的空气消毒。例如，用浓度为 0.2%～0.5%的过氧乙酸向空中喷雾，每立方米的空间约喷雾 30ml，之后关闭门窗 30min；也可用浓度为 1%～3%的漂白粉澄清液喷雾，喷到地面湿透为止。最后，就是针对不同类型的呼吸道传染病进行相适宜的处理和消毒。具体操作如下。

流行性感冒：马上隔离患儿；保育员应及时、彻底地开窗，通风换气 15min 以上，或按照保健医生的要求对空气进行消毒。

水痘：马上隔离患儿，保育员应对班级活动室、寝室内的空气和物品进行消毒，开窗通风 3h，被子要暴晒，家具、玩具及图书采用擦拭和日晒的方法消毒，衣物、被单、褥单及其他物品采用煮沸或消毒剂浸泡的方法消毒。

病毒性腮腺炎：患儿要及时隔离，班级要及时消毒，活动室和寝室应开窗通风 15min 以上，或按照保健医生的要求对空气进行消毒；患儿的餐具、毛巾要与其他幼儿的分开并煮沸消毒，衣物、被褥要日晒消毒；配合保健医生督促接触班的幼儿口服板蓝根，预防腮腺炎。

猩红热：发现患儿应尽快隔离治疗，室内开窗通风，对一切用具采用适当的方法消毒，配合保健医生督促接触班的幼儿服用磺胺类药物，预防猩红热。

- 消化道传染病的消毒。

消化道传染病发生后，首先就是要对被褥进行紫外线照射消毒，一般翻晒 6h；其次，保育员要对幼儿的呕吐物或排泄物用石灰或漂白粉乳液进行消毒；再次，保育员应在保健医生的指导下，用煮沸的方法或漂白粉澄清液浸泡的方法对患儿的餐具进行消毒；最后，保育员要根据传染病的不同，对患儿使用过的便盆用漂白粉澄清液或来苏水进行不同时间、不同浓度的浸泡或喷雾消毒。

对于常见的消化道传染病，消毒的措施如下。

病毒性肝炎：发现患儿后应马上隔离治疗，保育员对本班进行消毒；对幼儿的餐具、水杯、毛巾、衣物进行煮沸或用消毒液浸泡消毒，便盆用消毒液浸泡，被褥日晒消毒；幼儿的大小便或呕吐物用相当于粪便量 1/5 的漂白粉充分搅拌，放置两小时，然后倒掉，配合保健医生督促接触班的婴幼儿服用或注射预防的药物。

细菌性痢疾：发现患儿后应马上隔离治疗，患儿使用过的餐具可煮沸或用消毒液浸泡消毒；便盆应用消毒液浸泡消毒，痢疾患儿的粪便用漂白粉进行消毒；接触过患儿的保育员或其他婴幼儿应马上用肥皂洗手；协助保健医生督促本班婴幼儿服用茶叶煎剂或在吃饭时吃些生大蒜。

3. 其他常用的消毒种类

（1）煮沸消毒。

适用范围：餐饮具、毛巾、餐巾、服装、床单等耐湿物品。

煮锅内的水应将物品全部淹没。水沸后开始计时，持续煮沸 15～20min。计时后不得再新加入物品，否则持续加热时间应从重新加入物品再次煮沸时算起。

（2）流通蒸汽消毒。

流通蒸汽消毒法是利用 100℃水蒸气进行消毒。

适用范围：餐饮具及餐桶、菜盆等。

最简单的方法是使用蒸饭箱，常用的流通蒸汽消毒设备有蒸汽消毒柜、蒸汽消毒车，可以按其使用说明书进行操作。消毒时间应在水沸腾并冒出蒸汽后开始计算；餐具应垂直放置，并留有空隙，防止空气留存在死腔内；大量物品勿用铁盆盛装，最好使用漏孔金属筐；包装不易过紧；能吸收大量水的衣物不要浸湿放入，否则妨碍空气的置换；在消毒时注意排除消毒柜内的冷空气。

（3）消毒柜消毒。

按照产品使用说明书规定的方法进行消毒处理。但消毒柜分为高温型和紫外线臭氧型。消毒餐具必须为高温型。易烤焦物品不易放入高温型消毒柜。

（4）消毒剂消毒。

适用范围：织物、耐湿物品、玩教具等。

消毒剂溶液应将物品全部浸没。对管腔类物品，应使管腔内也充满消毒剂溶液。作用至规定时间后，取出用清水冲净，晾干。根据消毒剂溶液的稳定程度和物品污染情况，及时更换所用溶液。常用于消毒便具、玩具、家具等。

（5）消毒剂溶液擦拭、喷洒消毒。

适用范围：家具、门把手、水龙头等物体表面以及地面、墙面等的消毒。

擦拭消毒时，用布浸以消毒剂溶液，依次往返擦拭被消毒物品的表面。必要时，在作用至规定时间后，用清水擦洗干净以减轻可能引起的腐蚀作用。喷洒消毒时，用消毒剂溶液直接喷洒被消毒物品的表面。

（6）消毒剂溶液喷雾消毒法。

适用范围：室内空气、人体呼吸道、居室表面和家具表面。

用普通喷雾器进行消毒剂溶液喷雾，以使物品表面全部润湿为度，作用至规定时间。喷雾顺序为先上后下，先左后右。喷雾改善呼吸道干燥时，需使用超声雾化器，但要注意易引起室内物品潮湿、腐蚀。

（7）紫外线消毒法。

适用范围：室内空气、物体表面。

紫外线辐射能量小，穿透力弱，仅能杀灭直接照射到的微生物，因此消毒时必须使消毒部位充分暴露于紫外线下。用紫外线消毒纸张、织物等表面粗糙的物体时，要适当延长照射时间，且两面均受到照射。紫外线消毒的适宜温度范围为20～40℃，温度过高过低均会影响消毒效果，可适当延长消毒时间。用于空气消毒时，消毒环境的相对湿度低于80%为宜，否则应适当延长照射时间。用紫外线杀灭被有机物保护的微生物时，应加大照射剂量。空气的悬浮粒子也可影响消毒效果。紫外线消毒灯的使用方法和注意事项如下。

① 注意事项。

● 消毒使用的紫外线，其波长范围是200～270nm，消毒用的紫外线光源必须能够产生辐射值达到国家标准的紫外线。用于消毒的紫外线灯的电压为220V。

● 紫外线灯使用过程中其辐射强度逐渐降低，故应定期测定消毒紫外线的强度，一旦降到要求的强度以下时，应及时更换。

● 紫外线强度及消毒浓度检测：使用紫外线强度指示卡，在开灯后5min，将化学卡放于灯下1m处，照射1min后，按照说明色卡对比，一般新灯管不低于90μW/cm^{2}为合格，旧灯管不低于70μW/cm^{2}为合格。测试卡要注意避光保存。

② 使用方法。

● 物体表面消毒。

照射方式：悬吊式或移动式紫外线灯消毒时，消毒有效区为灯管周围1.5～2m。一般每60～80m^{2}房屋空间，安装30W紫外线灯管两支。照射时间根据灯管强度及所杀灭的病原微生物而定，一般来说时间不得少于30min。高强度、低臭氧紫外线杀菌灯，有效距离内照射30～60min，对物品表面消毒效果可靠。

● 室内空气消毒直接照射法。

在室内无人条件下，可采取悬吊式或移动式紫外线灯直接照射的方式。采用室内悬吊式紫外线灯消毒时，室内安装紫外线消毒灯（30W紫外线灯不少于30min）。

（8）臭氧消毒法。

臭氧的分子式为O_3，是一种强氧化剂，具有杀菌迅速、消毒后无残留等优点，适用于蔬菜、水果消毒，但稳定性差，容易分解，只能立即生产立即使用。市售的管式、板式和沿面放电式臭氧发生器、臭氧灯均可选用。消毒时间≥30min。消毒时，房间应关闭门窗，人必须离开房间。关机后30min，待房间内闻不到臭氧气味时才可进入。

使用臭氧消毒的注意事项如下。

① 在使用过程中，应保持消毒灯表面的清洁，每1～2周用酒精纱布或棉球擦拭一次，发现灯管表面有灰尘、油污时，应随时擦拭。

② 用消毒灯消毒室内的空气时，房间内应保持清洁干燥，减少尘埃和水雾，温度低于20℃时或高于40℃时，相对湿度大于60%时应适当延长照射时间。

③ 用消毒灯消毒物品表面时，应使照射表面受到消毒灯的直接照射，且应达到足够的照射剂量。

④ 不得使消毒灯光源照射到人，以免引起眼睛皮肤损伤。

⑤ 消毒灯强度计至少一年标定一次。

二、注意事项

（1）幼儿园的毛巾需要一餐一消毒；应使用消毒过的夹子将消毒后的毛巾归位，避免用不清洁的手触摸造成污染；擦手毛巾要有专用毛巾架，上面贴有标识，两巾距离间隔10cm，四周不能碰叠在一起。毛巾最好不要贴墙挂，一是不易受到光照，二是不卫生，容易滋生细菌。

（2）幼儿园的水杯只用来喝水，不用来喝牛奶或豆浆，每天傍晚幼儿离园后，保育员将水杯送至厨房用开水浸泡清洗后放入蒸饭车里高温消毒半小时。水杯消毒后，应避免用不清洁的手触摸造成污染。水杯箱上面应贴有标识，要及时更换模糊不清或发黄、剥脱的标识，标识图案要相对固定，不要经常更换。水杯箱最好不要固定在墙壁里，那样不容易清洗消毒。水杯数量要比幼儿的实际人数多一两个，以供幼儿备用。

（3）幼儿园活动室、寝室、盥洗室的拖把、抹布、水桶等应分开管理与使用并有明晰的标注说明，做到不遗漏，不可无序反复擦拭，以免造成重复污染。

（4）保温桶上的热水龙头要有安全保护装置，以防烫伤事故的发生，夏天注意水温不要过烫，冬天注意保暖。

课后反思

1．托幼园所应严格执行消毒制度，以下选项错误的是（　　）。

A．餐具一餐一消毒　　B．寝室、活动室一周一消毒

C．儿童内衣隔日一消毒　　D．儿童用品玩具定期清洗、消毒

2．擦地时人应该（　　），以防将地踩脏。

A．向前走　　B．向左走

C．向右走　　D．向后退

3．擦过的地面应（　　）。

A．有水迹　　B．有水

C．无水迹　　D．有擦痕

4．将物品放入蒸箱内的消毒方法是（　　）。

A．煮沸法　　B．蒸汽法

C．日晒法　　D．药品消毒法

5．配制消毒液过程中应注意（　　）。

A．戴手套　　B．裸手配制

C．挽袖子　　D．穿短裙子

6．幼儿玩具有哪些卫生要求？

模块十 实战训练

一、单项选择

1. 婴幼儿晨检前，保育员应指导其（　　）。
   A. 漱口　　B. 脱掉外套和帽子
   C. 做操　　D. 游戏
2. 幼儿的膳食应遵循少食多餐的原则，依据的是（　　）。
   A. 肠吸收功能强　　B. 食道狭窄
   C. 胃容量小　　D. 分泌的胆汁少
3. 幼儿排大便后保育员的工作程序是（　　）。
   A. 擦大便、冲厕
   B. 擦大便、冲厕、洗手
   C. 擦大便、为婴儿穿裤子、冲厕、洗手
   D. 冲厕、洗手
4. 保育员指导幼儿分辨衣服前后的方法是（　　）。
   A. 帮助幼儿分辨　　B. 做记号
   C. 记忆衣服的结构　　D. 穿上再看
5. 保育员对食欲差的体弱儿应做到（　　）。
   A. 循序渐进地增加膳食量　　B. 不想吃就不吃
   C. 只喝果汁　　D. 只喝奶
6. 在幼儿大小便擦干净臀部后保育员应立即（　　）。
   A. 洗手　　B. 擦地
   C. 刷厕所　　D. 及时给婴幼儿穿上裤子
7. 冬季幼儿脱衣服应最后脱（　　）。
   A. 鞋　　B. 袜子
   C. 毛衣　　D. 裤子
8. 幼儿穿裤子时，保育员应该提醒他们（　　）。
   A. 挽裤腿　　B. 提裤子
   C. 将衬衣塞入裤腰　　D. 系腰带
9. 使用抹布后应先（　　）。
   A. 用消毒液浸泡　　B. 将黏附在抹布上的污物冲洗掉
   C. 用肥皂洗　　D. 晾干

10．保育员每天的消毒程序是（　　）。

A．浸泡一消毒

B．刷洗一消毒

C．消毒剂浸泡一清水洗净

D．清水浸泡一刷洗一消毒剂浸泡一清水洗净

11．扫地时扫帚应（　　）。

A．向上挑起清扫尘土

B．向两侧横扫，避免尘土飞扬

C．向前挑扫，避免尘土飞扬

D．向前压住扫帚扫，避免尘土飞扬

12．流行性腮腺炎的传播途径是（　　）。

A．饮食传播　　B．空气传播

C．昆虫传播　　D．接触传播

13．盥洗室的窗户应该（　　）敞开。

A．避免　　B．片刻

C．半天　　D．全天

14．组织幼儿盥洗最好采取（　　）方式。

A．全班挤在一起　　B．分小组洗

C．自愿洗　　D．全班排队洗

15 在培养幼儿的良好睡眠习惯时，应该注意做到（　　）。

A．幼儿之间互相学习　　B．要求幼儿与家长配合

C．批评指责　　D．与家长配合

二、简答题

1．保育员在幼儿如厕时的工作有哪些?

2．分发餐具的正确方法是什么？

3．请结合自身的实践谈谈如何指导幼儿洗手。

三、材料分析题

1．小太阳幼儿园是一所寄宿制幼儿园。星期一早上，保育员黄某第一个到班，她开门后，想到幼儿快回园了，就取来抹布，在活动室抹桌椅、玩具柜，然后从寝室至活动室边开窗边抹窗框、窗台，最后拖洗活动室、寝室的地面，摆放桌椅。

（1）保育员的做法是否正确？如果错了，错在哪里？

（2）如果是你，该如何操作？

（3）保育员应根据哪些具体情况开窗通风？

2．分析保育员做法的正误，并说说如何处理幼儿遗尿问题。

小玲平常就有晚上尿尿的习惯，一般都要叫 3 次尿。可今天，时间未到，床已尿湿了。保育员李某生气了，用力拍着小玲的屁股说：“怎么又尿床了，真是个尿包。快起来换衣服，真是越忙越乱！”

第二单元

教师岗位的工作任务

模块一 教师一日工作时间表

教师一日工作时间表见表 2-1。

表 2-1　教师一日工作时间表

时　间	工作环节	内　容
7:00	入园	入园签到
7:10～7:25	早会	参加早会
7:25～7:55	晨间接待	1．热情接待幼儿和家长 2．指导幼儿叠衣服并放在固定位置 3．向家长了解幼儿有无异常情况 4．配班教师组织幼儿做早操（结束后清点人数）
7:55～8:00	餐前盥洗	指导幼儿正确洗手
8:00～8:30	早餐	1．指导幼儿安静有序地进餐，关注个别幼儿的情况 2．培养幼儿良好的进餐习惯，不挑食、不偏食，正确使用餐具，坐姿良好，饭后漱口擦嘴 3．餐后合理组织幼儿进行活动 4．早餐后再次清点人数并通报食堂
8:30～9:00	区域活动	1．根据游戏规则，幼儿自愿选择游戏区域 2．教师组织幼儿有序进入活动区 3．提供丰富、有趣的活动材料及玩具 4．指导幼儿正确使用材料及玩具 5．指导幼儿正确取放玩具，整理区域材料 6．引导幼儿表达活动感受
9:00～9:05	如厕、喝水	1．教师组织幼儿有序如厕，并帮助托小班的幼儿整理好衣服 2．提醒幼儿便后洗手，提示幼儿节约用水 3．组织幼儿有序地接水、饮水
9:05～9:30	教育活动	1．教育内容适合幼儿年龄特点，做好活动前准备 2．为幼儿提供展示自我的机会
9:30～10:30	户外活动	1．根据班型设计户外游戏活动（活动前清点人数） 2．保证幼儿户外活动时间、活动量适当 3．明确活动规则，提醒幼儿注意安全 4．活动结束后清点人数并带回班级
10:30～10:40	加餐	1．组织幼儿有序洗手 2．分发餐点 3．提醒幼儿保持卫生
10:40～11:05	教育活动	参照 9:05～9:30 时间段的内容
11:05～11:50	午餐	参照 8:00～8:30 时间段的内容
11:50～12:00	餐后活动	散步或合理进行游戏

续表

时　间	工作环节	内　容
12:00～14:00	午睡	1．休息 2．教学研讨 3．值班
14:00～14:15	起床	1．帮助、指导幼儿穿衣服 2．检查幼儿着装 3．为幼儿梳头发
14:15～14:30	加餐	参照 10:30～10:40 时间段的内容
14:30～14:55	教育活动	参照 9:05～9:30 时间段的内容
14:30～14:55	教育活动	参照 9:05～9:30 时间段的内容
14:55～15:00	如厕、喝水	参照 9:00～9:05 时间段的内容
15:00～15:30	户外活动	参照 9:30～10:30 时间段的内容
15:30～15:40	如厕、喝水	参照 9:00～9:05 时间段的内容
15:40～16:10	教育活动	参照 9:05～9:30 时间段的内容
16:10～16:50	晚餐	参照 8:00～8:30 时间段的内容
16:50～17:00	离园准备	1．组织幼儿如厕，检查幼儿的衣物 2．引导幼儿总结当天的活动内容，分享活动感受 3．安排幼儿看图书、玩游戏等活动
17:00～17:30	离园	1．与家长进行交流 2．严格执行接送制度 3．提醒幼儿离园前将椅子归位 4．整理室内的物品，检查电气设备

模块二 晨间接待

实习目标

1. 掌握晨间接待幼儿哭闹的处理方法。
2. 掌握晨间接待教师组织活动的内容。
3. 掌握晨间接待的流程及注意事项。

一、课程导入

动画《乐美说入园》

晨间接待幼儿来园是幼儿园一日生活的重要组成部分，它不仅是幼儿一日愉快情绪开启的重要时机，也是师生个别化互动以及对幼儿实施养成教育的有效途径，更是建立良好家园关系的宝贵契机，让孩子感受到教师的关爱，让每个家长对教师产生绝对的放心感、信任感，为自己的一日工作开一个好头。晨间接待这一环节虽然短暂，但对孩子、家长的影响是非常大的。合理的晨间接待，能使幼儿身心愉悦，实现家园间的无缝连接，促进幼儿园保教质量的提高，增强幼儿园的安全管理。那么，怎样使幼儿一天有一个良好的开端？怎样让家长放心地离开孩子呢？

二、教学过程

（一）入园常规要求

入园环节所覆盖的时间，是从第一个孩子入园进班开始到早餐前的这段时间，这期间包含 4 个环节和具体的工作事项。不同年龄阶段的幼儿，在入园环节表现出的情绪和状态各不相同，教师对他们的常规要求也不尽相同。

因此，教师要准确把握幼儿身心发展的特点与规律，为幼儿营造温馨舒适、丰富有趣的入园环境，不断吸引幼儿投入活动，使其心理、身体及能力等方面都得到一定的发展，使入园环节真正成为幼儿一天美好生活的开始。入园环节教师的具体工作流程见表 2-2。

表 2-2　入园环节教师的具体工作流程

工作流程	常规要求	注意事项
晨间接待	（1）教师应在班级门口热情地接待幼儿，主动与幼儿和家长问好，与幼儿沟通感情。 （2）教师与家长进行简单、必要的交流。记录家长给幼儿的衣物及药品。药品要清楚记录药物名称、用法和用量。由家长签字后，教师接收幼儿携带的衣物。对特殊情况，进行详细记录，并及时与班上其他教师衔接沟通	如果幼儿哭闹，快速与家长交接，尽快接过幼儿，让教室内的其他教师来帮助幼儿稳定情绪，之后及时向家长反馈
晨检	（1）在晨检期间，教师要组织幼儿到户外进行晨间自由活动及做早操，然后接待后续入园幼儿，并送幼儿参与早操。晨检方法：一摸、二看、三问、四查、五处理，并做好记录。 一摸：幼儿有无发热现象，可测体温。 二看：一般情况下观察幼儿的精神状态、面色等，传染病的早期表现，咽喉、手及其他身体部位有无异常。 三问：个别幼儿的饮食、睡眠、大小便情况。 四查：如果发现幼儿携带不安全的物品，发现问题迅速处理。 五处理：及时解决问题并做好记录。 （2）早操结束，晨检结束，教师组织幼儿排队清点人数，带好自己的物品等；教师在队尾检查幼儿的物品并且组织幼儿回班盥洗进餐。晚到的幼儿由园务人员、保育员等循环送幼儿回班并向班级教师交接	晨检中如果教师发现幼儿的身体有异常，立即请保健医生检查。家长、教师都要在场。如果幼儿的病情严重，需要直接请家长接回去；如果没有大碍，教师做好记录，多关注生病的幼儿，保健医生也要经常巡查。 如果家长可以进园送幼儿，早操晨检结束后，由家长亲自送幼儿去班级

（二）要点一：安抚幼儿情绪的方法

（1）抱一抱：对于哭闹的幼儿，教师先把他抱在怀里，给予安抚。

（2）哄一哄：转移幼儿的注意力，减少其哭闹的频率。

（3）说一说：引导幼儿和教师说话、聊天，在这个过程中，逐渐帮助幼儿恢复良好的情绪。

（4）查一查：通过给家长打电话或发短信多了解幼儿哭闹的真正原因。

（5）定一定：和家长共同商讨解决幼儿哭闹的方法，达成共识；和幼儿做约定，帮助他们把不良的情绪宣泄出来。

（三）要点二：组织幼儿开展晨间游戏

幼儿来园有先后，来园距离吃早饭又有一段时间，幼儿无所事事，使得教师不容易组织。如果教师提供便于收整的玩具材料，开展丰富而有趣的晨间活动，那么既能使这段时间得到充分的利用，又能减轻教师的负担。例如，观察自然角的动植物，写观察记录；玩拼插玩具、拼图、迷宫、翻绳；开放图书区、交流区等。同时，教师还应注意培养幼儿听到音乐或故事等信号，便抓紧时间收整玩具、洗手进餐的习惯。

三、小组讨论

讨论 1：教师在晨间接待时遇到爱聊天的家长应如何应对？

讨论 2：教师接待幼儿来园结束后，遇到经常迟到的幼儿，应如何解决？

四、典型问题分析与建议

典型问题一 只顾哄幼儿进班，忽视对幼儿的晨间检查

星期一的早上，一向爱笑的洋洋撅着小嘴巴，藏在妈妈的身后不肯进教室。当班的徐老师说：“洋洋，跟老师进教室，我们去玩玩具。”洋洋依然躲在妈妈的身后，听到老师的声音，反倒大声地哭了起来，并且不停地咳嗽。洋洋妈妈对老师说：“星期六，我带她去江滩玩了，他出了很多汗，弄湿了衣服，当晚便发烧了，这几天她都在吃感冒药，所以才会不高兴来幼儿园的。”

听了家长的话，徐老师说：“不要紧，我等会儿劝劝她，她就会乖的。”家长听到徐老师这样说，把孩子从背后拉到前面塞给徐老师，就匆匆地离开了幼儿园。

分析

晨检是幼儿园晨间接待工作中很重要的一项内容。晨检工作的目的是了解幼儿的健康状况，检查幼儿的个人清洁卫生，以便做到对疾病早预防、早发现、早隔离、早报告、早治疗。上述案例中，教师只顾哄幼儿进班，却忽略了对幼儿身体状况的检查，并未真正做到一看、二摸、三问、四查，为幼儿在园的一天护理工作带来了很多麻烦，也给幼儿园的疾病防控工作留下了隐患。

建议

（1）仔细地看。教师要注意看幼儿的脸色是否正常，眼神是否呆滞。在手足口病等疾病传染期间，还要仔细查看幼儿的手掌心、口腔是否有小疱疹。对于可疑者，教师应及时报告，以便及时隔离、观察、确诊和治疗。

（2）准确地摸。教师要摸幼儿的额头，看其体温是否正常；还要摸幼儿腮腺的地方是否有肿大等。

（3）关切地问。教师要和幼儿及其家长沟通，询问幼儿在家吃饭的情况、睡眠是否正常、大小便有无异常等。

（4）温柔地查。教师要检查幼儿的手上是否拿着、衣裤兜里是否携带着不安全的物品，发现问题应迅速处理。

典型问题二　忽视幼儿的情绪变化

肖老师班上有一个胖墩墩的小男孩，名叫壮壮，很懂事，也很能干，老师们都很喜欢他。运动会上壮壮表现得也很不错，什么项目都积极参加。可开完运动会后，壮壮连续几天都来得很晚。这不，这天早上还是妈妈把哭哭啼啼的壮壮推进来的。肖老师笑呵呵地迎接他时，他却一直哭着、闹着说："我要妈妈，我要和妈妈在一起。我不上幼儿园……"肖老师听他说完后，很严肃地对他说："你都上中班了，还这样哭着要妈妈，羞不羞！"壮壮根本不理会，哭着往外跑，肖老师使劲拉着他，一把把他拽过来对他吼道："你要是再哭，就到里面一个人待着，别跟小朋友在一起……"壮壮只好擦干眼泪乖乖地回到自己的位置上坐好。

分析

上述案例中，面对一向表现不错的壮壮突然不肯来幼儿园的反常情况，教师没有观察到孩子的情绪变化，也没有考虑孩子为什么不愿意来幼儿园，就训斥孩子，强制压抑孩子的情绪发泄，这种做法是不妥当的。

建议

（1）案例中的幼儿不是一直都存在入园焦虑或哭闹的情况，反而是一直表现得还不错，而且已经有入园一年多的经验。由于幼儿的情绪带有明显的易变性、易感性，教师在晨检中应仔细观察幼儿，及时察觉幼儿的情绪变化，特别在幼儿的情绪处于消极状态时，更应及时给予抚慰和调整，使之尽快摆脱不良情绪的影响，以求达到相对稳定的情绪状态。教师不能单纯粗暴想当然地"一拉二吼三恐吓"了之，而应观察壮壮的反应和在园活动中的参与情况，有针对性地选择适宜的安抚方法。

（2）幼儿在成长的过程中受年龄发展特点所限很难做到控制自己的情绪，更难以掌握调控自己情绪的方法，因此会直接采用成人不太认同的哭闹方式。此时，作为有调控情绪能力的教师就不能以威胁、压制的方法来教育幼儿，那样只会给幼儿做出"粗暴"的消极示范。教师应关注幼儿在成长过程中的情绪波动，了解幼儿出现这种反常的行为是否是情绪周期的原因，再根据不同的原因采用不同的处理方法。如果教师观察后发现壮壮是因为别的原因，诸如运动会上表现得不满意而产生不自信，或者因为教师或家长的负面评价导致他感到不舒服、不安全等，则可以采用“热处理”的方法。比如教师可以亲切地抚摩壮壮的头，温和地询问他有什么不开心的事；适当的时候还可以给孩子一个温暖的拥抱、充满期待的表扬，让孩子感到被呵护和关爱，感到在幼儿园生活有安全感，让孩子放心地入园。

（3）幼儿的情绪变化与家庭生活是紧密相关的，教师还应及时与家长进行沟通，单独向家长了解幼儿在家的表现，询问家庭生活中是否发生了什么事情，与家长商量如何采用适宜的方法来疏导幼儿的情绪，帮助孩子快乐地入园。

典型问题三 忽视对早到幼儿的活动指导

每天，班里总会有一些孩子早到幼儿园。这天，又有七八个孩子比规定的入园时间提前进入班里。袁老师让先来的孩子玩桌面游戏和进行区域活动，自己则忙着接待其他孩子。这时，明明拿着积木跑过来说：“老师，我不想玩积木，可以玩别的吗？”张扬也跑过来说：“我好想玩大型玩具啊！”而文文和刚刚也围过来说：“老师，我们想去玩滑梯。”这些早到的孩子厌烦了单调的活动，时不时就跑过来提出这样或那样的要求。

分析

晨检时，由于幼儿到园的时间不一，晨检与晨间活动的间隙成了幼儿园普遍存在的“教育盲区”。出于对幼儿安全的考虑，教师往往会限制幼儿的活动，或组织一些相对安静的活动。此外，由于幼儿园的事务繁杂，教师往往没有太多的精力、时间对桌面材料、区域材料等进行及时更新，再加上接待来园幼儿的压力分散了教师对这一部分早到幼儿的注意力，导致幼儿在这一段时间活动积极性不高，问题较多。

晨检与晨间活动的间隙蕴含着积极的教育因素，如它让教师有机会个别了解孩子，有机会了解自己的材料投放存在的问题以及有的放矢地锻炼孩子。

建议

（1）在“说”中给予温情。早来园的多数孩子是由祖辈家长照顾的，缺乏温馨的“亲子故事”时间，缺乏与父母的畅快沟通。因此，教师可以陪这些孩子看看书、聊聊天，弥补他们在这方面的缺失。

（2）在“添”中培养兴趣。轻薄的纸张、吸管，随意而就的简易材料、拼图，一成不变的积木、玩具等，会很快使孩子失去操作的兴趣。教师应及时关注幼儿的兴趣动向，在幼儿对材料的取舍中看到补充、变化材料的新方向，提供他们喜欢的、能挖掘他们新思维、提高他们新能力的材料。

（3）在“练”中提高能力。教师可以请幼儿做一些力所能及的事情，并根据完成的情况适时地给予奖励。例如，让幼儿摆杯子、擦桌子，充当小小值日生；对操作材料进行分类整理，培养幼儿的良好习惯和整理能力。

（4）在“玩”中不断反思。早到的幼儿人数一般较少，教师可组织幼儿玩一些手指游戏或者数字游戏，如“用手搭高楼”“你放我拍”“遇七拍手”等，不仅可锻炼幼儿数数的能力，也能锻炼他们的反应能力。此外，教师还可以借此检验幼儿对儿歌、手指游戏等的掌握情况，以便对自己的教育行为及时做出调整。

《幼儿园教育指导纲要（试行）》指出：“应关注幼儿在活动中的表现和反应，敏感地觉察他们的需要，及时以适当的方式应答。”它告诉我们，早到的孩子也需要教师的积极关注。

五、模拟演练与评价

（一）演练脚本

（1）主题：设计幼儿入园情景，“哭闹”“任性”“来园不高兴”“不愿问好”这几个主题可任选其一。

（2）要求。

① 有完整的情景展示及教师应对策略。

② 分小组演练。

③ 上交小组演练脚本。

（3）参与成员：全班学生及教师。

（4）活动规则。

① 建议演练学时为两个学时。

② 其中一组进行演练时，其他小组及时给予评价与反馈。

③ 每一小组的演练时间不超过 10min。

④ 演练主题小组的成员不超过 8 人。

⑤ 教师可根据课时安排，灵活组织小组成员进行课上演练并进行指导。

（二）注意事项

（1）按照脚本内容进行角色分配。

（2）演练时幼儿角色扮演者要尽可能以幼儿的心态表现出真实场景。

（3）演练时教师角色扮演者要尽可能结合现场的实际状况与所学知识完成演练。

（4）扫描二维码自行下载演练脚本。

（三）演练评价

表 2-3 是针对本主题进行互动的评价表，其他小组可对当前演练小组的表现进行评分并给予建议与反馈。

表 2-3　入园环节主题活动互动评价表

评分标准		分值（共 10 分）	得　分
脚本设计主题明确，特点突出，内容完整		3 分	
教师扮演者的仪表仪态规范，符合教师礼仪标准；小组成员分工明确，配合默契		2 分	
问题处理得当，应变力强，突显岗位特点		2 分	
语言规范、发音标准、用词准确得当		1 分	
幼儿扮演者的神态、动作丰富生动，能体现幼儿的特点		1 分	
角色分配合理，符合真实情景		1 分	
总分			
评分分档	9～10 分	优秀	
	7～8 分	良好	
	5～6 分	及格	
	0～4 分	不及格	
建议与反馈			

课后反思

1．在幼儿园实习的过程中，你是否留意到幼儿园的教师是如何处理哭泣的幼儿入园的？你有什么收获？

2．你会用什么样的案例活动来丰富幼儿的晨间活动？

3．简述晨检的操作步骤。

模块三　盥洗环节

实习目标

1. 掌握典型问题行为的处理方法。
2. 掌握盥洗环节的流程及注意事项。

一、课程导入

幼儿的盥洗活动主要包括洗手、漱口、洗脸、梳头4个环节，在幼儿一日生活中各盥洗环节所占的时间各不相同。洗手是进行最频繁的一项活动。对于幼儿来说，从小养成认真洗手的习惯对于人一生的健康都有着至关重要的影响。洗手习惯的养成需要成人不断地督促，曾经针对家长做过关于幼儿洗手的问卷调查，家长反映孩子的洗手问题主要有：手不脏就不洗手；不主动洗手；不洗手背；洗手时玩水；冲洗不仔细，留有肥皂泡泡；洗手时间太短，冲儿下就走，洗手用时一般为10s，最短的为5s；便后不主动洗手；饭前从不洗手。要让幼儿从小建立良好的生活习惯，教师首先要明确幼儿园盥洗环节的内容有哪些、各个环节中幼儿应达到的目标是什么，这样才能在盥洗活动中给予幼儿有效的帮助和指导。那么，在幼儿园中幼儿的习惯是如何养成的呢？

动画《乐美说盥洗》

二、教学过程

在盥洗活动中教师的具体工作流程见表2-4。

表2-4　在盥洗活动中教师的具体工作流程

盥洗流程	常规要求	注意事项
教师分责带领幼儿盥洗	（1）配班教师带领一部分幼儿到洗手间洗手，站在洗手间指导幼儿洗手，洗手前提醒幼儿卷起袖口（中班以下教师协助完成；大班自己卷袖子，值日生检查）。 （2）主班教师在室内组织一部分幼儿进行室内安静游戏	（1）指导中、大班值日生检查洗手。 （2）提醒幼儿手脏洗手，爱清洁，讲卫生

续表

盥洗流程	常规要求	注意事项
指导幼儿按照正确方法盥洗	（1）挽起袖子。 （2）打开水龙头把双手浸湿。 （3）关上水龙头，打肥皂，将肥皂送回原处。 （4）六步洗手（手心、手背、手指尖、手指缝、大拇指、手腕）。 （5）打开水龙头，把肥皂沫冲洗干净。 （6）关上水龙头，双手并拢在洗手池甩三下。 （7）取下自己的毛巾将双手擦干净。 （8）将毛巾挂回原处，由教师或值日生将袖子放下来	（1）将正确的洗手步骤图贴在盥洗间。 （2）保证幼儿用流动水洗手，用消毒毛巾擦手、擦脸。 （3）引导幼儿节约用水，不玩水，保持地面清洁、干爽，防止滑倒
分组盥洗	第一组剩余个别幼儿未洗完的由保育员负责指导。配班教师教第二组幼儿洗手	引导幼儿洗完手后不乱摸

三、小组讨论

讨论1：幼儿在洗手时，把衣服、地面都弄湿了，应如何解决？要求：分析原因并给出具体的解决策略。

讨论2：教师在组织幼儿洗手时，遇到不认真洗手的幼儿，应如何引导？

四、典型问题分析与建议

典型问题一 忽视对幼儿洗手的细节指导

近来，陈老师发现本班幼儿洗完手后，盥洗室、走廊以及活动室的地上都是湿的。陈老师反复叮嘱他们洗手时水龙头要开小些，不要把地面溅湿。但这天，陈老师一走进盥洗室，就看到湿漉漉的地面，还有在地上踩来踩去的幼儿以及他们湿漉漉的鞋子，一股无名之火涌上心头："算了，都别洗了，回教室！"陈老师生硬地将幼儿们拽回了活动室。当着全班幼儿的面，陈老师生气地说："平时老师是怎么教你们的，不是教你们洗手的儿歌了吗？"几个平时胆大的幼儿马上回应："老师，我们洗手时就是按照你教的儿歌做的。"说完，他们轻声地念起了儿歌："清清的水，哗啦啦，卷起袖子洗手啦，先洗小手心，再洗小手背，五个指头都要洗，最后甩三下。"念完儿歌，他们还把手向身体两侧各甩了三下。看到孩子们的动作，陈老师终于知道问题的原因了。

分析

孩子把地面弄湿了，这不能全怪他们，还有一部分原因是教师在教儿歌时只注重于洗手的过程——洗手心、洗手背、洗指头，而忽视了对细节的指导，没有告诉幼儿“最后甩三下”时，要将手上的水甩在哪里。幼儿的年龄小，规则意识和理解能力不强，这就要求幼儿教师在对幼儿行为进行引导的时候要细致、耐心。

建议

（1）以宽容的态度去接纳幼儿的错误。幼儿缺乏生活经验，而他们的天性又是好奇、喜欢探索的，因此，在学习的过程中难免会犯一些错误，教师应该以宽容的态度接纳他们。

（2）重过程，更要重视细节。在教幼儿正确的洗手动作后，教师还要告诉幼儿如何将手上的水处理掉，不能滴在地上，可以对着池子轻轻地甩手。

（3）随机生成儿歌。收到幼儿的反馈后，教师可以把之前的洗手歌改为：“清清的水，哗啦啦，卷起袖子洗手啦，先洗小手心，再洗小手背，五个指头都要洗，最后甩三下，小小水滴进池里，人人见了把我夸。”

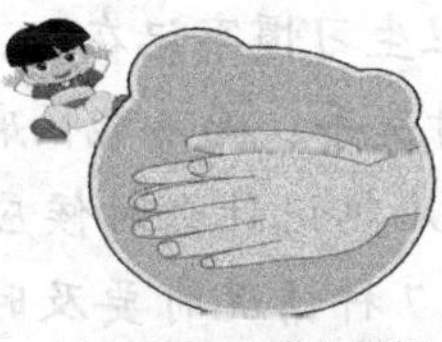
1．掌心对掌心搓揉

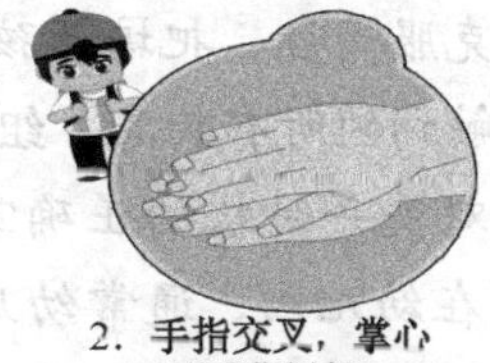
2．手指交叉，掌心对手背搓揉

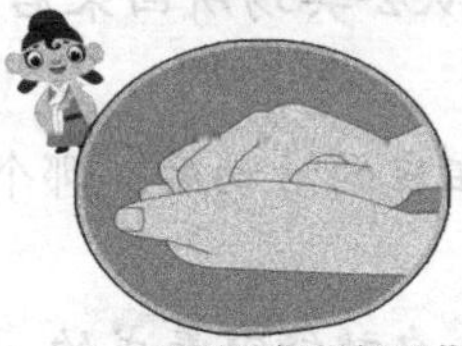
3．双手互握搓揉手指

4．拇指在掌中搓揉

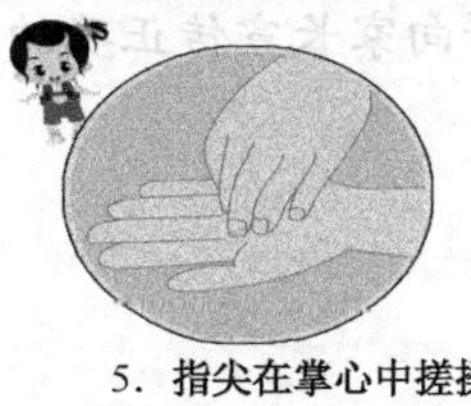
5．指尖在掌心中搓揉

6．对手腕清洗

典型问题二　因怕麻烦而减少幼儿洗手的次数

美术活动结束了，许老师让孩子们在座位上等待欣赏与点评。就在她整理作品时，忽然发现活动室里竟然空出许多座位。人呢？许老师走出活动室看个究竟，原来，孩子们都挤在卫生间里洗手。洗手池边里三层外三层，密密麻麻的小手从前面孩子的头上、肩膀上伸向洗手池。

许老师顿时火冒三丈，大喝一声："谁叫你们来的？现在不准洗手！"孩子们惊恐地望着许老师，慢慢地回到了活动室。许老师火气未消，找出始作俑者狠狠地"教育"道："谁叫你们洗手了？现在不准洗手！吃饭前再洗！"几个孩子使劲地搓着手，说："手上不小心沾了颜料。"许老师愣了一下，果然看见许多孩子手上沾了颜料，红的、绿的、蓝的，小手掌上开满了"小花"。许老师沉思了一会儿，组织孩子们洗了手。

分析

作为幼儿教师，我们都知道在饭前便后要组织幼儿洗手。但日复一日，我们渐渐开始发现组织幼儿洗手次数太多、太麻烦，以致疏于组织幼儿洗手。孩子有洗手要求时，教师总是用一句"现在不洗手"来掩饰自己的惰性而没能组织幼儿在游戏后、玩玩具后、美工活动后、户外活动后及时洗手，甚至还把幼儿自发的洗手行为定位为"捣乱"。长此以往，一定会影响孩子们对洗手活动的认知和良好习惯的培养。

建议

（1）教师必须克服惰性，把培养孩子的良好卫生习惯牢记在心。在组织活动时，充分考虑到幼儿将要接触到的所有物品，组织幼儿及时洗手，而不能怕麻烦。

（2）加强幼儿对洗手时机的正确掌握。让幼儿熟记什么时候应该洗手，并教会幼儿正确的洗手方法。在幼儿园，通常幼儿遇到以下7种情况时要及时洗手：饭前便后、吃东西前后、劳动后、玩游戏后、触摸脏东西后、从公共场所回来后以及触摸传染病人的东西后等。

（3）在备课时，把需要洗手的活动环节附在相应的活动后。哪个环节需要洗手，在进行到此环节时，就会和课程流程一起被记住。

（4）要持之以恒。幼儿良好的习惯不是一朝一夕就能够养成的，要坚持不懈地培养。

（5）发动家长配合。教师应利用家园联系栏等向家长宣传正确的洗手知识，让家长积极地参与到培养幼儿良好的洗手习惯中来。

五、模拟演练与评价

（一）演练脚本

（1）主题：设计幼儿洗手情景，"玩水、嬉戏""忘记挽袖子""忘记排队""不会洗手"这几个主题可任选其一。

（2）要求。

① 情景展示与教师应对策略完整。

② 全组学生参与。

③ 制作道具辅助演示情景。

④ 上交演练脚本。

（3）参与成员：全班学生及教师。

（4）活动规则。

① 建议演练学时为一个学时。

② 教师分配小组成员，成员不得超过 10 人。

③ 教师可让小组成员课下进行排练，根据课时安排，课上抽签进行演练。

④ 每一小组的演练时间不超过 8min。

⑤ 其他小组及时对演练小组进行评价与反馈。

（二）注意事项

（1）先制定演练脚本，按照演练脚本进行排练。

（2）按照脚本内容进行角色分配。

（3）演练时幼儿角色扮演者要尽可能以幼儿的心态表现出真实场景。

（4）演练时教师角色扮演者要尽可能结合现场的实际状况与所学知识完成演练。

（5）扫描二维码自行下载演练脚本。

（三）演练评价

表 2-5 是针对本主题进行互动的评价表，其他小组可对当前演练小组的表现进行评分并给予建议与反馈。

表 2-5　盥洗环节主题活动互动评价表

评分标准	分值（共 10 分）	得　分
脚本设计特点突出，内容完整	2 分	
教师扮演者的教态自然，着装得当，小组成员分工明确，有道具辅助表演	3 分	
应变力强，问题行为处理得当	2 分	
语言规范、发音标准、用词准确得当	1 分	
幼儿扮演者的神态、动作丰富生动，能体现幼儿的特点	1 分	
角色分配合理，符合真实情景	1 分	
总分		
评分分档	9～10 分	优秀
	7～8 分	良好
	5～6 分	及格
	0～4 分	不及格
建议与反馈		

课后反思

1. 在幼儿园实习的过程中，你是否留意到幼儿园的教师是如何处理幼儿园中小朋友弄湿衣服的？你有什么收获？

2. 你会用什么样的案例活动来培养幼儿的盥洗常规？如何让幼儿养成常洗手的卫生习惯？

模块四　进餐环节

实习目标

1. 掌握幼儿进餐策略及教师的应对方法。
2. 掌握幼儿进餐时教师的正确做法。
3. 掌握幼儿进餐的流程及注意事项。

一、课程导入

幼儿园里用餐环节的设置覆盖于每日的所有用餐时段。用餐是使幼儿健康成长、满足幼儿生理需求的过程。但对于保教人员来说，“用餐既是满足儿童生理需求过程，也是施加教育影响的过程”。保持愉快的进餐情绪对幼儿的身体健康是有益的，要尽量为幼儿营造一种轻松、愉快的进餐环境。坚持培养幼儿良好的进餐习惯，引导幼儿做好个人进餐卫生，会自己洗手、擦嘴、漱口。指导幼儿正确使用餐具、独立进餐，还应关注幼儿的年龄特点与个体差异，引导幼儿了解关于各种食物的营养知识，指导幼儿适量进食、不挑食，对于个别幼儿提供有针对性的帮助和指导。

动画《乐美说进餐》

二、教学过程

（一）进餐常规要求

3～6 岁是幼儿身心健康成长的黄金时期，也是培养幼儿良好生活习惯的奠基时期。由于不同年龄阶段幼儿的身心发展水平不同，在进餐环节表现出的进餐状态和进餐需求也不同。幼儿营养的摄入、进餐技能的提高、习惯的养成等与幼儿园的关系密切。因此，进餐中对幼儿有明确的常规要求是非常有必要的。进餐环节教师的具体工作流程见表 2-6。

表 2-6　进餐环节教师的具体工作流程

进餐流程	常规要求	注意事项
餐前活动	（1）教师组织幼儿进行餐前听儿歌、安静游戏、餐前教育等。 （2）等待保育员将饭菜取回后，教师组织部分幼儿到洗手间洗手，另一名教师继续组织另一部分幼儿在洗手间旁边进行餐前活动。 （3）第一组洗手后教师带领幼儿进班等待吃饭，另一名教师带领第二组洗手，等待全体幼儿洗手完毕	（1）指导值日生做好餐前准备工作。例如，帮助教师检查幼儿手的是否洗干净，帮助保育员分发碗筷等。 （2）组织幼儿按时进餐，两餐间隔时间不少于 3.5h，餐前餐后半小时不做剧烈运动
讲解菜谱	（1）幼儿每天要摄取足量的膳食纤维和微量元素来保持身体的平衡，因此，应制定科学的幼儿食谱。 （2）幼儿园教师应该对当天的食谱进行讲解，让幼儿喜爱食物，激发幼儿对吃饭的兴趣。 （3）教育幼儿不挑食、不剩饭以及正确的坐姿	鼓励幼儿独立进餐，提醒幼儿进餐速度及食量适当
分餐进餐	（1）分餐完毕后，教师在室内观察幼儿的进餐速度、进餐量，及时提醒幼儿细嚼慢咽。 （2）保持进餐安静。 （3）及时为幼儿添饭、不催食，对特殊幼儿给予个别照顾。 （4）指导幼儿正确的坐姿，使用餐具的方法。 （5）提醒幼儿将饭充分咀嚼，咽下后再吃下一口。不用嘴包饭，含在嘴里不嚼不咽	（1）分发的食物温度适中，使用食品夹或消毒筷、勺子分发餐点。 （2）观察幼儿的进食量，及时处理异常情况。 （3）及时纠正幼儿的不良进餐情况及不良饮食习惯。 （4）烫、热的食物远离幼儿。 （5）制止暴饮暴食的幼儿。 （6）提示肥胖儿先喝汤再吃饭
餐后擦嘴	（1）教师指导幼儿用餐后轻轻放勺、碗、盘（大班幼儿餐后各自收拾自己的餐具，并放到指定的位置）。 （2）教师跟随幼儿指导，然后用杯子接饮用水、漱口、洗嘴、洗手、搬椅子。 （3）其他教师继续组织未吃完的幼儿	督促指导幼儿餐后擦嘴、漱口
餐后活动	教师组织用完餐的幼儿进行餐后散步、听故事、说儿歌和古诗等较安静缓和的活动	避免剧烈运动

（二）要点一：幼儿进餐问题应对策略

（1）环境暗示、指导帮助：环境是第三位教师，教师可以通过环境的布置，放置幼儿依恋物品，给予幼儿亲切感。

（2）说做一体、游戏吸引：托、小班的幼儿具有好动、喜欢游戏的特点，运用短小有趣、朗朗上口的儿歌，引导幼儿边说边做，在真实场景中不断地习得进餐技能。

（3）趣味引导、操作体验：对于幼儿不爱吃的食物，让幼儿自己动手做一做、玩一玩，这样不但能愉悦身心、满足幼儿爱动的特点，还会使幼儿产生对这些食物的兴趣。

（4）偏食幼儿、灵活应对：针对偏食、挑食的幼儿，教师要灵活机智地应对，可采用

"从一小口"开始逐渐加量的办法，配合语言上和精神上的鼓励来让幼儿逐渐过渡。

（三）要点二：多种方式引导幼儿不挑食

（1）幼儿对于不熟悉、不喜欢的食物通常都有抵触心理，教师可以给饭菜取一个有趣的名字，激发幼儿的食欲，如红白巧克力（红白豆腐）、太阳饼（玉米饼）等。

（2）幼儿不爱吃的菜要先盛、少盛，如告诉幼儿"谁先把菠菜吃完，小鱼就会先'游'到谁的小碗里去"，逐步纠正幼儿偏食的现象。

（3）用游戏化的语言引导幼儿，如"我是兔妈妈，我的兔宝宝最爱吃蔬菜，让我看看谁是我的好宝宝呀？"

（4）教师要以自己对饭菜积极的态度影响幼儿，如告诉幼儿"老师最喜欢吃胡萝卜了，真香啊！我的口水都流出来了，谁和老师一样喜欢吃胡萝卜？"

（5）对于幼儿不喜欢的食物，教师先给其分成两份，一多一少，鼓励其选择，让幼儿逐渐接受。

（6）开展相关的主题活动，向幼儿介绍每种食物中的营养，使幼儿了解挑食会造成营养不良，影响身体健康。

（7）通过儿歌、谜语等文学作品，激发幼儿对食物的兴趣。

（8）引导幼儿向不挑食、吃饭香、桌面干净的幼儿学习，及时发现他们的进步并表扬。

三、小组讨论

讨论 1：幼儿在进餐结束后，不会收放餐具，应如何解决？

讨论 2：进餐过程中，出现饭菜"掉得哪都是"的情况，其原因和解决策略是什么？

四、典型问题分析与建议

典型问题一 进餐过程中批评幼儿

午餐开始了，王老师的怒火还没有平息，她举起孩子们刚刚画完的作品，生气地说："今天的画你们画得很不好，有些人根本没有听老师的话，画得乱七八糟！"孩子们不禁抬起头看着她。王老师抽出一张画："明明，你这画的是什么东西啊？你听老师讲了吗？"再抽出一张："小宇，你涂色怎么涂的？还看得见线条吗？下午再重新画一张！"……其他孩子看看这个、望望那个，也纷纷议论起来，都顾不上吃饭了。王老师一看又生气了："怎么回事？老师一说话你们就不会吃饭了吗？快吃！"接着，王老师走到孩子们中间巡视，"青青，快吃！看你吃得多慢，还剩这么多饭！""小猫组的小朋友吃得最慢！""小兔组的有人在说话啊，一会儿请你们说个够！"听到老师的训斥与催促，孩子们安静了，赶紧低下头大口地吃起来。

分析

本案例中，教师在幼儿进餐时完全忽视了对温馨进餐环境的营造，不仅如此，教师的言行还严重地影响了幼儿进餐时的愉悦心情，长此以往，势必导致幼儿丧失进餐的兴趣。

建议

（1）在幼儿进餐时，教师应该马上结束与进餐无关的所有事宜，并为幼儿营造良好的物质与精神环境。例如，尽量不与其他教师讲话或处理与进餐无关的事宜；用亲切的语言轻轻地提醒幼儿好好吃饭，切忌挖苦、训斥幼儿；正确对待不同饭量的幼儿，边巡视边对不同的幼儿提出不同的要求。对于咀嚼能力稍弱的幼儿不提过高的要求，可以在其耳边轻声鼓励："看，你今天吃得真香！加油把饭吃完哦！"对于进餐速度快的幼儿可以小声提醒："你吃得很快，但一定要细嚼慢咽才好哦！"对于个别食欲不好的幼儿，不要强迫其必须吃完所有食物。如果幼儿长期饭量不够大，但平常精神状态很好，应尊重幼儿的意愿，让他能吃多少就吃多少。

（2）幼儿教师还要耐心地对待偏食、挑食的幼儿，不要急于求成，要多正面引导，可结合文学作品或同伴的榜样示范慢慢地帮助幼儿纠正不良的饮食习惯，切不可采取威胁或强硬的手段逼迫幼儿。对于幼儿不爱吃的食物，可让他们先少吃一些，再逐渐添加。

典型问题二 让幼儿捡起掉在桌上的饭菜吃掉

午餐时间，小朋友们正在安静地进餐。教师来回巡视，并不断地强调："不要把饭撒到桌子上！看哪一组小朋友吃得最干净！”可是，对于这个年龄段的孩子来说，撒点饭菜在桌子上在所难免。见状，教师就说：“桌子是干净的，把掉在桌上的饭菜捡起来吃了。”时间久了，小朋友们也就习惯了，很自然地会把掉在桌上的饭粒捡起来吃掉，还把这种习惯带到了家里。家长于是提出了质疑，教师向家长解释道：“我们的桌子都经过了消毒，是干净卫生的。另外，这也是为了让孩子养成爱惜粮食的好习惯。粒粒皆辛苦嘛！”家长听后觉得很茫然。

分析

为了达到相关的要求，如幼儿进餐要做到“四净”（碗里干净、身上干净、桌面干净、地面干净），也为了培养幼儿养成良好的进餐习惯以及从小懂得爱惜粮食的优秀品质，加之进餐前桌子都经过了消毒和擦洗，于是案例中的教师就提出了上述要求。这样的要求看似无可厚非，孩子也养成了爱惜粮食的良好习惯。可是，教师忽略了两件事：桌子虽经过消毒，是否还有消毒液残留？桌子在消毒擦洗过后是否被幼儿的脏手接触过？即便这些都做到了，空气中也到处都是尘埃，而且有的幼儿园根本做不到餐餐消毒饭桌。所以，教师不应该让孩子吃掉在桌子上的饭菜。

建议

（1）创设良好的就餐环境。除了愉悦的心理环境外，还要有方便幼儿进餐的物质环境，如为幼儿准备餐巾和骨盘。幼儿可以将不吃的或不小心掉在桌子上的饭菜放进骨盘里，以保证桌面的干净、整洁。

（2）给予幼儿正确的引导。例如，在提要求时，可以这样说：“请小朋友用手扶着碗，嘴巴挨着碗吃，不要把饭菜掉在桌子上。每一粒粮食都是农民伯伯辛辛苦苦种出来的，我们要爱惜粮食，不撒饭，不剩饭。同时还要讲卫生，不吃的东西请放进骨盘里。不小心掉到桌子上的东西也请小朋友捡起来放进骨盘里。”这样，既培养了幼儿良好的行为习惯，又渗透着浓浓的人文关怀。

典型问题三　无效的警告

科科是一名既聪明又淘气的男孩，带过他的教师都知道，他喜欢招惹别人，所以每天上幼儿园都不断有小朋友向教师告状。

这天下午吃完饭，有小朋友报告说，科科把不吃的菜夹到别人的碗里……教师狠狠地批评了他，最后还加了一句：“再惹事，今天就不让你回家！”没想到这句话被文文听见了，他嘀嘀咕咕地说：“老师也会骗人。”教师一愣，问文文：“你这话是什么意思？”文文说：“你以前好几次都说不让科科回家，结果还不是让他回家了！”

分析

从以上案例中，我们不难看到教师的警告无效，无效的原因是不适宜。从文文嘀咕的“老师也会骗人”这句话中透露出教师平时无效警告的语言出现频繁，因为不能做到言出必行，所以随着孩子们的懂事，他们逐渐表现出对教师言语上的反抗和不满。从另一个角度讲，孩子们的不满也折射出对教师权威的认可和期望，可一次次的无效警告似乎渐渐消磨了孩子对教师的信任。这提醒我们：说话前要慎思，说话要算数。

建议

（1）分析幼儿调皮的原因。“他喜欢招惹别人”，其实就意味着孩子想主动和同伴交往，想引起同伴的注意，可能是由于方法不当，让同伴认为他是故意捣乱。教师在分析原因后，可以告诉其他幼儿，这是科科想友好的一种表现，不要总怀着“敌意”去对科科，由此形成一种思维定势，科科的行为就会“愈演愈烈”。同时要引导和鼓励科科用适宜的方式与同伴交流，做一个大家都喜欢的人。

（2）给调皮的幼儿安排更多为大家服务的任务和机会。一般调皮的幼儿精力更旺盛，他们也希望引起别人的注意，针对这些特点，我们可以安排这类孩子承担一些服务的任务，如为小朋友们分发餐具；和教师一起监督，看哪些小朋友进餐时有不好的习惯等。

（3）惩罚要具有针对性和实效性。对于科科这样的孩子可以给一点小惩罚，但不能是体罚，目的是让他明白错在哪。惩罚要讲究方法和艺术。例如，既然教师说了“再惹事今天就不让你回家”，那么他的家长下午来接他离园时，就可以让他多留三五分钟，让他明白自己所犯的错误，让无效警告变得有效。案例中科科把不吃的菜夹到别人碗里，事后教师发现科科有挑食的毛病。对这样的孩子，教师要引导其养成健康、合理的饮食习惯。

（4）与家长沟通，达成相互配合、共同努力的一致意见。孩子的成长离不开家园的通力合作，教师的及时反馈有利于家长及时了解孩子在园的情况，也能让家长与教师在园的教导步伐一致，产生更好的效果。

五、模拟演练与评价

（一）演练脚本

（1）主题：设计幼儿进餐情景，“对食物过敏的幼儿关心不够”“挑食”“把个人情绪带到幼儿园”“当众议论幼儿的家庭隐私”这几个主题可任选其一。

（2）要求。

① 以上主题需要与幼儿进餐情景相结合。

② 情景展示完整以及有具体的解决策略。

③ 小组成员全部参与。

④ 小组代表在演练前需对设计的演练脚本进行说明。

⑤ 上交演练脚本。

（3）参与成员：全班学生及教师。

（4）活动规则。

① 建议演练学时为两个学时。

② 小组演练时间不超过 15min。

③ 小组成员不超过 12 人。

④ 教师或其他学生可对当前演练小组的成员进行提问。

⑤ 其他小组及时对演练小组进行评价与反馈。

（二）注意事项

（1）应充分理解主题内容，不跑题。

（2）按照脚本内容进行角色分配。

（3）演练时幼儿角色扮演者要尽可能以幼儿的心态表现出真实场景。

（4）演练时教师角色扮演者要尽可能结合现场的实际状况与所学知识完成演练。

（5）扫描二维码自行下载演练脚本。

（三）演练评价

表 2-7 是针对本主题进行互动的评价表，其他小组可对当前演练小组的表现进行评分并给予建议与反馈。

表 2-7　进餐环节主题活动互动评价表

评分标准		分值（共 10 分）	得分
主题理解充分，内容完整，有解决策略		2 分	
教师扮演者的教态自然，着装得当，应变力强		2 分	
对设计脚本说明合理，有充分的理由依据		2 分	
小组成员配合默契，角色分配明确，充分体现人物的特点		2 分	
幼儿扮演者的神态、动作丰富生动，能体现幼儿的特点		1 分	
语言规范、发音标准、用词准确得当		1 分	
总分：			
评分分档	9～10 分	优秀	
	7～8 分	良好	
	5～6 分	及格	
	0～4 分	不及格	
建议与反馈			

课后反思

1. 在幼儿园实习的过程中，你是否留意到幼儿园的教师是如何处理幼儿打翻饭菜事件的？你有什么收获？

2. 你会用什么样的案例活动来让托、小班的幼儿喜欢进餐，中、大班的幼儿提高自我服务的能力？

模块五　如厕环节

实习目标

1. 掌握如厕环节典型问题的解决方法。
2. 了解幼儿如厕前、中、后的处理方法。
3. 掌握如厕环节的流程及注意事项。

一、课程导入

动画《乐美说入厕》

作为教师，我们应准确把握如厕教育的适宜性，从幼儿身心和谐发展的角度出发，将如厕环节的教育具体体现在3个方面：一是满足幼儿正常的生理排泄需要，实现幼儿身体上的轻松；二是帮助幼儿学习并掌握如厕的基本技能，实现如厕的自理；三是帮助幼儿了解如厕行为与身心和谐健康的关系，让幼儿遵守如厕常规，建立一系列关于如厕的健康行为方式，促进其身心和谐发展。看似简单的如厕洗手环节给教育者提供了对儿童进行人文素质教育的绝佳机会，幼儿如厕及其后的洗手环节，都是比较容易出事故的时候。因此，教师和保育员在保证幼儿安全的同时适时地进行教育也至关重要，尤其是对刚入园的幼儿来说。

二、教学过程

（一）如厕常规要求

如厕环节对幼儿的常规要求可有效帮助教师指导幼儿如厕，并为教师如何组织如厕活动提供依据。由于不同年龄阶段的幼儿在如厕环节中的表现和需求各不相同，因此教师的指导策略和教育重点需随之调整。如厕环节教师的具体工作流程见表2-8。

表 2-8　如厕环节教师的具体工作流程

入厕流程	常规要求	注意事项
分组如厕	（1）教师在室内组织部分幼儿进行室内安静游戏活动。 （2）另一名教师带领剩余幼儿排队如厕，需要保育员协助组织队伍后面的幼儿不推挤、不跑跳。 （3）教师带领如厕完的幼儿进行室内游戏，换另一部分幼儿如厕。 （4）教师检查排便记录帖（记录帖由保育员观察、记录、填写）。 （5）帮助有困难的幼儿擦屁股。	（1）允许幼儿按需要随时大小便。不限制幼儿的如厕次数，提醒易遗尿的幼儿解便。 （2）女孩小便后要使用卫生纸。 （3）观察幼儿的大便情况，发现异常，及时与家长联系，并做记录
整理衣裤	指导幼儿整理衣服（小班幼儿除外）	帮助有困难的幼儿整理服装
洗手	教师组织入厕完毕的幼儿洗手，指导幼儿正确盥洗	（1）督促幼儿便后用流水洗手。 （2）教师提醒幼儿洗手时不要弄湿衣服，保持地面清洁，节约用水

（二）要点一：幼儿不敢如厕，提供必要支持

小班的幼儿初入园，有时会出现不敢、不喜欢在园如厕的情况，尤其是大便，一些中、大班的幼儿也会出现类似的情况。正是因为不敢，所以常有尿裤子、拉裤子的情况发生。教师可以在厕所的墙壁、挡板上贴一些鲜艳的装饰品、有趣的图片，使幼儿感到放松。有的幼儿不会或者不敢迈坑，教师要及时伸手扶一把，并告诉幼儿大便后主动叫老师。必要的时候，还要准备便盆，使幼儿逐渐适应蹲坑。教师还可以在挡板上安装小扶手，并在扶手上缠绕柔软、好看的布，使幼儿蹲坑时更加舒适。

（三）要点二：家园配合共同解决幼儿大便不会擦拭的问题

让幼儿学会自己擦大便，需要一个反复实践的过程。幼儿最初自己擦大便时，成人要用形象的语言教给幼儿具体的方法：从前向后擦，然后把纸包好再擦一次，将用过的纸扔掉，换一张纸再擦两次。幼儿自己擦完后，成人要帮助幼儿再擦一次，以免没擦干净让幼儿不舒服。

三、小组讨论

讨论 1：幼儿总是“尿裤子、拉裤子”，其原因和解决策略是什么？

讨论 2：幼儿大小便时经常“弄到外面”，应如何解决？

四、典型问题分析与建议

典型问题一　刻板守时致幼儿内急难耐

午餐刚开始一会儿，文文就举手说：“老师，我想小便！”王老师有些生气地说：“饭前不是才带你们去过厕所嘛，怎么这么快又要去？”文文还是坚持说：“我想小便！”王老师没办法，只好说：“那你快点儿吃饭，吃完再去厕所！”文文只好不情愿地坐下来继续吃饭。没过一会儿，就听有人喊道：“老师，地上有水！”王老师过去一看：文文尿裤子了，座位下面有一摊尿，她赶紧去拿干净裤子给文文换上。

这时，又传来小朋友急促的喊声：“老师，好臭啊！有人把拉裤子了！”王老师顺着喊声看去，发现平时听话能干的蕾蕾正哭丧着脸站在椅子旁，她又急忙帮着蕾蕾擦换、洗裤子。王老师问蕾蕾：“要大便为什么不跟老师说啊？”蕾蕾说：“我想等吃完饭再去，可实在憋不住了。”

分析

上述案例中，由于教师在进餐时间拒绝了幼儿的如厕请求，直接或间接地导致两名幼儿弄脏了裤子，说明教师在幼儿常规培养中过于刻板，不知变通。幼儿的神经系统发育还不完善，不可能像成人那样长时间憋便，所以弄脏裤子是很正常的。在幼儿园，个别幼儿在集体如厕时因为玩性大、当时需求不明显等各种原因并没有排泄，在其他活动时间就可能有排泄的需求。《幼儿园教育指导纲要（试行）》明确指出：“要培养幼儿良好的大小便习惯，不得限制便溺的次数、时间等。”

建议

（1）教师在幼儿集体如厕时督促、提醒每个幼儿排泄。教师可以采取现场观察并及时提醒的方法，也可采取幼儿之间互相督促的办法，保证每个幼儿在如厕时都进行了排泄，避免或减少幼儿短时间内有如厕的需求。

（2）特殊情况特殊对待，为个别幼儿的需求开“绿灯”。幼儿间的成长发育情况差异大，有的孩子的排泄时间间隔会比较短，教师应该给这些幼儿开“绿灯”。事实上，教师稍微留心一下就能很快地了解班上哪些孩子的如厕间隔时间短，增强对这部分孩子的关注。

（3）以游戏化的方式吸引幼儿主动如厕。如厕时间，教师往往用很直白的语言告诉幼儿："小朋友们，现在请大家去上厕所吧！"幼儿听多了会觉得很没意思，不如换种方式刺激他们的大脑，让他们主动如厕。例如，创设游戏情境："小鸟们，现在鸟妈妈带你们去上厕所吧！"此外，教师还可以在便池的底部贴几个圆心，男孩子小便时可对准圆心"射击"，玩"打靶游戏"。

（4）家园合作。教师应及时和家长沟通，了解幼儿在家的如厕情况，并请家长积极配合，逐渐锻炼幼儿养成定时大、小便的好习惯，使幼儿在家大小便的时间最好与幼儿园的如厕时间同步。教师还要了解幼儿近期的身体情况，如有的孩子在家没排便，在园就要对他重点关注；有的孩子肚子疼或者拉肚子，也要特别留意。

典型问题二 男女生同厕，忽视引导

午睡前，小丽老师要求小朋友先上厕所再去睡觉。突然卫生间里传来一阵嬉笑声，蕾蕾飞快地跑过来对小丽老师说："老师快去看啊，妞妞站着尿尿了，裙子都湿了。"小丽老师来到厕所，很生气地批评妞妞："你不知道你是女孩子啊？女孩子怎么能站着小便呢？你这孩子怎么这么笨啊？"

分析

上述案例中，小丽老师完全没有站在妞妞的立场考虑她为什么要站着小便，更没有意识到指责、挖苦远不及亲切、安抚的话语以及正确的指导更能让妞妞意识到自己的错误，从而主动改正自己的行为。现在，很多幼儿园由于条件限制和出于安全考虑，让男女生一同如厕，以方便教师照看和管理。在这个过程中，孩子们会发现小朋友上厕所的方式是不一样的，有的站着小便，而有的蹲着小便。于是，好奇心强的孩子可能就会尝试其他小朋友的如厕姿势，结果弄湿了裤子。

建议

（1）帮助孩子正确如厕。在上述案例中，教师不要轻易批评孩子，要及时给尿湿裙子的幼儿更换衣裤，同时向幼儿讲清楚男生和女生是不一样的，男生可以站着尿，女生应蹲着尿，那样才不会尿湿衣服。要让孩子明白不能随意模仿异性上厕所。此外，对于孩子提出来的关于性别的各种问题，教师不要因为不好意思就随意敷衍过去，而应该以一种平和的口吻、以幼儿能理解的方式讲解。

（2）尊重孩子的隐私。同厕是一种自然、开放的教育方式，通过这种方式，可以让孩子了解男女生的生理构造不同、小便姿势不同等，很好地满足幼儿对异性身体的好奇。但是孩子虽然小，隐私权也应受到尊重。4 岁左右的孩子已经懂得害羞了，这时教师应教育他们在上厕所时要注意保护自己的隐私部位，也要尊重他人的隐私，不偷看别人上厕所。

当然，有条件的幼儿园可以采取半隔断式厕所，没条件的幼儿园可以让男女宝宝在不同的时间段上厕所，这样既保证了孩子的安全，也尊重了孩子的隐私。

典型问题三　粗暴对待尿湿裤子的幼儿

新学期开始了，接连几天都有孩子不同程度地尿湿裤子。这天下午，小丽老师正在组织教育活动，忽然发现牛牛的小凳子下有一摊水，她连忙走过去用手摸了摸牛牛的裤子，果然湿透了。小丽老师生气地用手戳了一下牛牛的脑袋：“你怎么这么笨啊，一天要尿湿几次，不知道小便要到厕所去啊？真是丢死人了！来，小朋友一起来羞羞他的脸。”望着生气的小丽老师和嬉笑的小朋友们，牛牛无助的眼睛里盈满了泪水。

分析

上述案例中，教师当众讥笑、指责尿湿裤子的幼儿，给幼儿的心理带来压力，伤害了幼儿的自尊心，让幼儿产生胆怯和自卑心理，影响了幼儿的心理健康。

初入幼儿园的孩子，由于还没有养成良好的如厕习惯，加之对新环境不适应，出现尿裤子的情况是很正常的，教师要做的是给予他们帮助，而不是嘲笑和讥讽。

建议

（1）及时帮助幼儿清洗、更换衣裤，同时态度一定要温和，不埋怨或批评幼儿，并要设法消除这件事在幼儿心理上造成的不良影响，告诉他这没有什么大不了的，很多人小时候都有过这样尴尬的经历。让幼儿从中吸取教训，勇敢面对，以后避免发生这种事。

（2）告诉初入园的幼儿，大小便是很正当的要求，应该大胆地告诉老师，老师是不会因此而责怪宝宝的。特别是对于那些胆小内向或贪玩的幼儿，教师要多询问、多提醒。有的幼儿尿了裤子不敢告诉教师，这就需要教师多检查，早发现。

（3）及时与家长沟通，了解幼儿的性格特点、生活习惯，同时建议家长最好给幼儿穿松紧带式的裤子，以便于幼儿脱穿。幼儿经常会玩得忘了大小便，直到憋不住时才想起去厕所，如果裤子不便于脱穿，就很容易使其陷于困境。

（4）提供必要的支持和帮助。小班幼儿初入园，有时会出现不敢、不喜欢在园如厕的情况，尤其是大便，教师可以在厕所的墙壁上贴一些鲜艳的装饰品、有趣的图片，使幼儿感到放松。有的幼儿不会或者不敢蹲坑，教师要及时伸手扶一把，使幼儿逐渐适应蹲坑，必要的时候还要准备便盆。教师还可以在墙壁上的小扶手上缠绕柔软、好看的布，使幼儿蹲坑时更加舒适。通过这些措施，帮助幼儿逐渐养成自主如厕的良好习惯。

五、模拟演练与评价

（一）演练脚本

（1）主题：设计幼儿如厕情景，“未能对幼儿大便进行观察”“如厕时滑到”这几个主题可任选其一。

（2）要求。

① 演练脚本需具体描述主题设置环节。

② 情景展示有具体解决策略。

③ 小组成员分工明确，可借助道具辅助演练。

④ 上交演练脚本。

（3）参与成员：全班学生及教师。

（4）活动规则。

① 建议演练学时为以个学时。

② 教师分配小组成员，成员不得超过 6 人。

③ 教师可让小组成员课下进行排练，根据课时安排，课上抽签进行演练。

④ 每一小组的演练时间不超过 8min。

⑤ 其他小组及时对演练小组进行评价与反馈。

（二）注意事项

（1）每组选出一个问题行为作为主题进行脚本设计。

（2）演练脚本应层次清晰，合理对主题进行展开描述。

（3）按照脚本内容进行角色分配。

（4）扫描二维码自行下载演练脚本。

（三）演练评价

表 2-9 是针对本主题进行互动的评价表，其他小组可对当前演练小组的表现进行评分并给予建议与反馈。

表 2-9 如厕环节主题活动互动评价表

<table>
<tr><th colspan="2">评 分 标 准</th><th>分值（共 10 分）</th><th>得 分</th></tr>
<tr><td colspan="2">演练脚本的主题阐述清晰，有解决策略</td><td>3 分</td><td></td></tr>
<tr><td colspan="2">教师扮演者的教态自然，着装得当，能借助道具辅助表演</td><td>2 分</td><td></td></tr>
<tr><td colspan="2">小组成员分配工作合理</td><td>1 分</td><td></td></tr>
<tr><td colspan="2">小组成员配合默契，角色分配明确，充分体现人物的特点</td><td>2 分</td><td></td></tr>
<tr><td colspan="2">幼儿扮演者的神态、动作丰富生动，能体现幼儿的特点</td><td>1 分</td><td></td></tr>
<tr><td colspan="2">语言规范、发音标准、用词准确得当</td><td>1 分</td><td></td></tr>
<tr><td colspan="3">总分</td><td></td></tr>
<tr><td rowspan="4">评分分档</td><td>9～10 分</td><td colspan="2">优秀</td></tr>
<tr><td>7～8 分</td><td colspan="2">良好</td></tr>
<tr><td>5～6 分</td><td colspan="2">及格</td></tr>
<tr><td>0～4 分</td><td colspan="2">不及格</td></tr>
<tr><td>建议与反馈</td><td colspan="3"></td></tr>
</table>

课后反思

1．在幼儿园实习的过程中，你是否留意到幼儿园的教师是如何处理尿湿裤子的幼儿的？你在幼儿园里有什么样的收获？

2．你会用什么样的案例活动来引导刚入园的幼儿参与到如厕环节，让幼儿更快地适应幼儿园的环境？

模块六 喝水环节

实习目标

1. 掌握典型问题的解决策略。
2. 能准确地掌握在幼儿喝水环节中教师的工作内容。

一、课程导入

动画《乐美说喝水》

“水是维持生命的第二要素”。3～6 岁幼儿体内的水分约占体重的 65%，周岁内的婴儿最高则达 80%。可以说，人体细胞内的一切代谢都要在水的参与下才能进行，幼儿在园是否能主动喝水、每天的喝水量是否适宜，都会直接影响到幼儿身体的正常发育和健康成长。因此，幼儿在园的喝水问题，成为家长普遍关心的热点问题之一。小朋友每天要饮用 850～1000mL 的水才能达到身体的需要，这是国家对幼儿每日饮水量的标准要求。正常人体中 70%的是水分，而幼儿身体当中的水分会占到 85%以上，充足的水分摄入对幼儿的健康至关重要。

二、教学过程

（一）喝水常规要求

幼儿喝水问题是备受关注的问题之一，这看似是一个微不足道的小问题，但如果成人没有加以重视，长此以往，会给孩子的身体健康带来很多隐患，如泌尿系统感染、身体免疫力下降等。因此，作为幼儿教师，要保证幼儿每天在幼儿园的饮水量，让幼儿的身体达到平衡的状态。喝水环节教师的具体工作流程见表 2-10。

表 2-10 喝水环节教师的具体工作流程

喝 水 流 程	常 规 要 求	注 意 事 项
准备温水	根据幼儿的一日作息时间保育员提前一个小时或半小时准备温水，温度要适中，供幼儿饮用	饮水区要保持地面干净无水，避免幼儿滑倒、摔伤

续表

喝水流程	常规要求	注意事项
排队接水喝水	（1）一名教师在室内组织一部分幼儿进行室内安静游戏活动等待喝水，另一名教师带领其余幼儿在喝水间排队拿水杯接水，保育员配合教师组织幼儿在喝水间喝水。（教师帮助托、小班的幼儿接水，中、大班的幼儿可自己接水） （2）接水量要适中，教师组织喝水的幼儿双手端水杯，站在固定位置有序安静地喝水，喝完后把杯子送回原处。另一名教师组织已喝完水和还未轮到喝水的幼儿进行室内活动。 （3）第一组未喝完水的个别幼儿由保育员负责帮助指导，教师引导第二组幼儿喝水（流程同上）	（1）排队接水、喝水的地方常会拥挤，以至打翻水杯，教师要组织好幼儿，避免发生烫伤、摔伤或是出现打闹现象。 （2）教师要提醒幼儿用自己的水杯接水，小心拿水杯，接水量要适宜

（二）要点一：托、小班幼儿的喝水问题与处理方法

1. 问题

（1）不喜欢喝白开水。

（2）使用水杯喝水有困难。

（3）喝水时喜欢边喝边玩。

2. 处理方法

（1）运用观察猜想、实验操作策略。

教师充分运用托、小班幼儿喜爱的方式，如亲吻、拥抱、在大拇指上画一个笑脸送给幼儿等，奖励爱喝水的幼儿，鼓励不爱喝水的幼儿，使每一个幼儿都喜欢喝白开水。同时，还要与幼儿家长充分沟通，请家长配合，多鼓励幼儿喝白开水。

（2）运用模仿、示范练习策略。

运用模仿、示范练习策略，帮助幼儿较快掌握正确接水、使用水杯喝水的方法与要领，顺利解决喝水问题。同时，通过家园共育，培养幼儿良好的喝水习惯。

（3）运用情境设置、故事迁移策略。

通过组织幼儿感兴趣的游戏、创设熟悉的生活情境等，改善幼儿在喝水期间的说笑、打闹、边喝边玩等不适宜行为。同时，在日常喝水环节中，教师对托、小班的幼儿要给予更多关注，既能使幼儿对喝水感兴趣，喜欢喝水，又要使幼儿逐步养成安静喝水、有序喝水的良好习惯。

（三）要点二：中、大班幼儿的喝水问题与处理方法

1. 问题

（1）主动喝水意识淡薄，规则意识欠缺。

（2）喝水时喜欢边喝边聊，存在应付现象。

（3）不能根据自己的身体需要喝水，喝水过少或过量。

2. 处理方法

（1）充分运用讨论辨析、示范讲解策略。

教师引导幼儿在经过充分的商讨、辩论后，在充分尊重幼儿意愿的基础上，形成班级的喝水规则，更能提高幼儿遵守喝水规则的自觉性与稳定性。另外，教师还要与家长充分沟通，请家长在早晨起床后、晚上睡觉前半小时也要保证幼儿喝一杯水，家园一致，使幼儿逐步养成及时喝水的良好习惯。

（2）运用操作统计、观察判断策略

引导幼儿学习根据身体状况及时调整自己的喝水量，有初步的科学喝水的意识和习惯。为使幼儿喝水量的统计更加科学、有代表性，教师可根据幼儿喝的杯数和每杯水的水量，以周为单位计算出幼儿每天的平均喝水量，指导幼儿比较自己每天的平均喝水量和科学喝水量之间的差距，并及时进行调整，如这一周自己的平均喝水量小于科学喝水量，下周就要多喝水。

三、小组讨论

怎样看待“错失培养幼儿饮水兴趣的良机”的问题？

四、典型问题分析与建议

典型问题一 幼儿喝水时出现“干杯”现象

天气热了，活动后，孩子们都去喝水。这时，水桶旁传来了争执声：“你把水都洒到地上了！”“没有，我只是在和桐桐干杯呢！”雷老师走过去一看，地上全都是水，原来是乐乐与桐桐在用水杯碰撞着玩。雷老师马上批评了乐乐："喝水就喝水，干什么杯？以后不准干杯了！小朋友踩到水摔倒了怎么办？"雷老师边说边拖地。下午起床后，又有小朋友告状："雷老师，他们都在干杯，地上洒了好多水！"雷老师走过去发现平时最不爱喝水的小贝竟然也迫不及待地倒了半杯水，学着乐乐的样子，高举着杯子与乐乐装得满满的杯子相碰，将乐乐杯里的水溅得满地都是。雷老师见状大声训斥道："不准学乐乐，快点喝，喝完水马上到教室里去。"小贝见雷老师批评自己了，不情愿地放下了杯子。

分析

本案例中几个孩子正沉浸在自己模仿的喝水游戏中时，被教师的呵斥吓得趣味全无。在某些教师眼中，孩子总是本着破坏的目的在玩乐，其实，在本案例中，教师如果稍有一些耐心，就不难从中发现非常有价值的教育契机。

建议

（1）借助"干杯"的游戏，激发不爱喝水的幼儿主动饮水。现在有很多孩子不爱喝水，教师应巧妙地抓住孩子们感兴趣的"干杯"游戏，引导孩子们干杯、喝水。在这一过程中，教师也从原来的喝水的"检查者、督促者"变成孩子的"游戏伙伴"，在这样一种宽松的氛围里，孩子会慢慢养成自己主动喝水的习惯。

（2）明确指出水洒落在地上的危险性，及时邀请干杯的幼儿和教师一起来打扫地面，即便幼儿过小不会拖地帮忙，也可请幼儿帮忙找到打湿的地面，力所能及地参与到清理工作中，让他们意识到水洒到地上会使人滑倒，并通过参与打扫活动提醒大家避免水洒出来的方法，如可以在杯中少倒一点水，轻轻地碰杯等。

（3）根据孩子的不同年龄开展丰富的活动来引导他们喝水。孩子喝水的问题，看起来微不足道，其实是很重要的，教师应该根据每个幼儿的身体状况以及孩子乐于接受的方法和手段积极引导。当然，除了这种游戏外，教师还可以用其他方法培养幼儿饮水的兴趣。例如小班的幼儿年龄小，让孩子在游戏中喝水，会令孩子感觉喝水是一件快乐的事情，从而主动喝水，如进行"小水桶"的游戏："小水桶，大肚皮，里面藏着小水滴。小水滴，别着急，宝宝马上来接你。咕嘟嘟、咕嘟嘟，水滴跑进肚子里。"孩子们一边念着儿歌，一边模仿儿歌的内容，一下子就将水喝完了。又如，进行"给小车加油"的游戏，因为平时小朋友们特别喜欢玩车，也很喜欢玩有关汽车的游戏，所以，教师可以抓住孩子们的兴趣点，将喝水比作给汽车加油，孩子们则是一辆辆的小汽车，谁的小汽车加满了油，谁的汽车就开得快，这样孩子们就很乐意喝水了。

（4）中、大班的孩子已有主见，他们更愿意相信自己，按自己的主张行事。如果能让孩子直观地了解饮水与健康的关系，有主动喝水的愿望，则有利于他们在获得亲身经历和体会的同时构建新的经验。例如，组织小朋友们观看饮水与健康的影像资料，让他们了解喝水的好处。可以利用一次性的塑料杯，请他们观察自己和同伴的尿液，告诉他们尿液的颜色与喝水的多少有关系：水喝得多，则尿液是浅黄色，是健康的；水喝得少，则尿液是深黄色，说明身体“上火了”，这样容易生病，就需要吃药、打针、多吃水果、多喝水。另外，还可以与孩子们一起制作喝水记录表，喝完一次水就在自己的图标下插上一张小卡片，看看自己每天是否喝够 5 杯水。这样喝水的问题就得到圆满解决了。

典型问题二 组织幼儿剧烈运动后喝水

户外活动时间，许多孩子玩得满头大汗。这时，诚诚走到李老师面 前说：“老师，我要喝水！”李老师见状，立即组织孩子们回到教室喝水。孩子们洗完手，就直奔饮水机接了凉水喝起来了。李老师巡视一圈后，大声说：“请小朋友们多喝点水，你们都流了许多汗，需要多补充水分！每个小朋友都要喝满满一杯水才行啊！”许多小朋友见自己没有达到老师的要求，又拿起水杯去排队了。

分析

案例中，李老师要求幼儿在剧烈运动后立即回教室喝“满满一杯水”，这种做法无论在饮水的时间，还是在饮水量的把握上都是十分危险的，严重的甚至有可能导致幼儿休克。因为剧烈运动时，人体内盐分随汗液大量排出体外，饮水过多会使血液的渗透压降低，破坏体内的水盐代谢平衡，影响人体正常的生理功能。

建议

幼儿运动后大量出汗，适时地补充水分是十分必要的。但是在补充水分的时间和饮水量等方面，幼儿教师应注意以下三点，才能保证幼儿的安全。

（1）运动结束 10min 后再饮水。剧烈运动后，若短时间内饮水过多，虽然能抑制口渴的感觉，但同时也增加了机体的排尿量和排汗量，使肾脏的负担加重，会使体内的盐分进一步丢失，导致电解质紊乱，影响机体的功能。所以，教师在组织幼儿喝水时，要注意把握饮水的时间，一般运动结束 10min 后组织幼儿有序饮水比较适宜。在这期间，教师可以先组织幼儿开展一些放松活动，如散步、听故事等，来充实饮水前的等待时间，避免幼儿消极等待。

（2）运动后喝水要“少量、多次、慢喝”。一次性喝水过多，胃肠会出现不舒适的饱胀感，若躺下休息更会因挤压膈肌影响心肺活动。所以，剧烈运动后，口再渴也不该一次性喝水过多，而应少量多次，而且要慢慢地喝，喝得太快会使血容量增加过快而加重心脏的负担，影响身体健康。在量上，教师要提示幼儿一次喝幼儿杯的半杯即可，如果感觉不够，可以稍休息一会儿后再喝小半杯。

（3）运动后不宜喝凉水。运动后身体会发热，血管扩张，体温升高，胃部的温度也比平时高一些，如果此时喝比体温低很多的凉水，会影响胃部散热，引发胃部不适，甚至会造成呕吐；由此还可能产生连锁反应，导致幼儿感冒、腹痛，严重的还会引发其他严重疾病。因此，在幼儿运动后，应为幼儿提供温开水，温开水相对凉水更有助于幼儿的身体散热。

典型问题三 不能做到因需饮水

在喝水环节中，李老师说："小朋友们从第一组开始，一组一组地去杯架前拿水杯，然后到饮水桶前排好队，按顺序喝水。"轮到第二组的小朋友喝水了，小朋友们站成一队，只有洋洋拿着水杯站在队伍旁边玩。

洋洋说："我不想喝。"

明明报告说："老师，洋洋说他不喝水。"

李老师说："洋洋站到队伍中去，小朋友都在喝水，你也必须把水喝了。"

分析

在班级管理中，教师习惯于整齐划一的安排。因为大多数幼儿是需要在教师的引导下才能达到喝水的次数和量的，因此基本上各园都是在教师的提示中开展幼儿的喝水环节的。但是，现在的教育改革已经开始反思教育如何尊重幼儿个体的差异性，并在实践中做到力所能及的区别对待。

本案例中，洋洋为什么不想喝水呢？教师应询问洋洋不想喝水的原因，应关注到不同个体的不同需要，不能要求所有的孩子同时喝水、喝一样多的水。如果洋洋刚刚才喝过水了，那就的确不需要再喝一次了。教师不能因为管理的便利而忽视幼儿的个体差异，一刀切地要求"必须把水喝了"。

建议

（1）开展活动，引导幼儿了解水对身体的重要作用。教师可以带领幼儿去给种植区的花草浇水，让他们通过自己的观察发现浇过水的花朵和叶片更精神、更鲜亮，并告诉幼儿这是花草吸收了水分的缘故；通过放映动画片让幼儿了解水是生命的源泉，是维持生命必不可少的物质；还可请家长配合，帮幼儿积累一些饮水的常识。

（2）制定饮水的规则，坚持灵活的方法。教师要制定明确的饮水规则，并着重指导一些关键时段的饮水，如早晨、午睡起床后以及运动后，而其他时段则可以采取统一组织与自愿相结合的原则，既保障重要时段的饮水量，又给予幼儿一些认识自己需要、按需取用的权利与自由。即幼儿既可以在集体组织的饮水环节中饮水，也被允许在口渴的时候自行饮水。

（3）根据活动情况，适当调节饮水量。教师要根据情况灵活地调整幼儿的饮水量，如在天气变化时适时增减饮水量；在幼儿生病时，适当指导其饮水；在空调房中时，多提醒幼儿适时饮水；对于饮水量大的幼儿，给予正确的饮水指导；对于饮水量极少的幼儿，应多予以鼓励，促使其饮水，并提供充足的时间给饮水较慢的幼儿。

（4）总而言之，水对身体很重要，但也要按需取用。教师组织幼儿集体饮水，既要讲求管理的效益，也要尊重幼儿的个体差异，灵活处理，在把握重要的饮水时机之余，尽量给予幼儿一定选择的权利。

五、模拟演练与评价

（一）演练脚本

（1）主题：设计幼儿喝水情景，“认为喝水是‘小事情’”“灌输给幼儿错误的饮水观念”这几个主题可任选其一。

（2）要求。

① 对以上主题情景进行合理加工。

② 小组代表在演练前需对设计的演练脚本进行阐述说明。

③ 小组成员全部参与。

④ 情景展示完整以及有具体的解决策略。

⑤ 上交演练脚本。

（3）参与成员：全班学生及教师。

（4）活动规则。

① 建议演练学时 2 学时。

② 小组演练时间不超过 15 分钟。

③ 小组成员不超过 10 人。

④ 教师或其他学生可对当前演练小组的成员进行提问。

⑤ 其他小组及时对演练小组进行评价与反馈。

（二）注意事项

（1）设计脚本时充分理解主题内容，有延伸。

（2）小组人员分配合理。

（3）演练时幼儿角色扮演者要尽可能以幼儿的心态表现出真实场景。

（4）演练时教师角色扮演者要尽可能结合现场的实际状况与所学知识完成演练。

（5）扫描二维码自行下载演练脚本。

（三）演练评价

表 2-11 是针对本主题进行互动的评价表，其他小组可对当前演练小组的表现进行评分并给予建议与反馈。

表 2-11　喝水环节主题活动互动评价表

评 分 标 准	分值（共 10 分）	得　分
演练主题情景合理加工、有活动延伸、情景展示完整	3 分	
小组代表阐述设计脚本科学合理、结构清晰	2 分	
教师扮演者的教态自然、着装得当，小组成员分配工作合理	2 分	
角色分配明确，充分体现人物的特点	1 分	
幼儿扮演者的神态、动作丰富生动，能体现幼儿的特点	1 分	
语言规范、发音标准、用词准确得当	1 分	
总分：		
评分分档	9～10 分	优秀
	7～8 分	良好
	5～6 分	及格
	0～4 分	不及格
建议与反馈		

课后反思

1．在幼儿园实习的过程中，你是否留意到幼儿园的教师是如何处理不爱喝水的幼儿的？你有什么收获？

2．你会用什么样的案例活动来让幼儿爱上喝水？请针对不同年龄幼儿的特点举例说明。

模块七 教育环节

实习目标

1. 掌握典型问题的解决策略。
2. 了解教育活动时各班级活动的时间掌握。
3. 能独立地组织教育活动。

一、课程导入

动画《乐美说教育》

在一日流程中，每天上、下午的教学活动通常可以安排 2～4 次，在组织形式上分为全体教学和分组教学两种。根据教学环境和教学对象我们主张尽可能多地实施分组教学，这样可以根据幼儿的实际情况来不断地让幼儿吸收到更多的知识内容。教学活动的设计、组织、实施、评价等方面集中展示的是教师的教育理论、教育方法、课堂组织管理能力、师幼关系处理能力和应对各种突发事件的能力等。好的教学活动的标准是：有目的、有计划、有预设方案；教具适宜，材料准备充分；适合幼儿的年龄特点和需要，能激发幼儿的兴趣，使幼儿积极参与；教师指导与趣味游戏相结合；环节过渡流畅、没有让幼儿消极等待；评价语运用得当，促使幼儿获得积极愉快的体验。

二、教学过程

（一）入园常规要求

幼儿园的教育活动主要分为生活活动、教学活动和游戏活动三大类，而教学活动则是教师最为关注、投入精力最多的活动。虽然“一日活动皆课程”“生活即教育”的理念已深入人心，但在实践中，教师们往往是以教学活动的效果为最主要的评价手段来评判自己的专业水平的。幼儿的生活技能与习惯的培养需要较长的指导过程，而幼儿的知识经验的获得与教师有效的班级教学活动直接相关。教育环节中教师的具体工作流程如表 2-12 所示。

表 2-12　教育环节中教师的具体工作流程

教育流程	常规要求	注意事项
教育活动前准备	(1)根据本班幼儿的发展需要和已有经验，选择适宜的活动内容 (2)教师应提前写好教案，进行备课说课，模拟授课，发现问题及时解决。 (3)充分理解、分析教材，有教具和学习材料方可进行活动 (4)准备必需的教具及每个幼儿活动需要的操作材料，并提前与配班教师共同做好分发材料准备，讲明配合事项 (5)根据活动类型安排便于幼儿活动与交流的桌椅摆放位置	教师在分发材料时注意预留出两三份备份材料，确保教育活动顺利进行
组织教学活动	(1)教育内容具有科学性和教育性。知识、概念准确无误，与学科进行有机结合，互相渗透，注意对幼儿能力与习惯的培养 (2)教育方法要正确、全面地贯彻教育工作原则，灵活运用多种教育形式和方法 (3)教师的教态亲切自然，语言清晰、准确、规范 (4)耐心倾听，理解幼儿的想法与感受，察觉幼儿的需要，根据幼儿活动中的表现与反应及时应答 (5)关注活动中幼儿个体差异，针对性地启发、引导、帮助，满足幼儿的不同需要。活动中注重培养幼儿的学习习惯	(1)教师指导和帮助个别幼儿参与活动，指导过程中走动位置恰当，声音轻柔，不影响幼儿活动 (2)关注活动中的偶发事件，及时处理，不影响正常教学
教学活动结束	注重活动实效，活动后教师收集幼儿的活动作品，记录幼儿的活动情况，及时对教学过程、内容进行反思总结	指导幼儿做好活动结束后的收拾整理工作

（二）要点一：托、小班幼儿教育环节的问题与处理方法

1. 问题

（1）冒失行为多。

（2）争抢事件频发。

（3）危险事件常常出现。

（4）注意力易转移。

2. 处理方法

（1）说做一体。

教师可以结合幼儿喜欢听儿歌、故事等特点，运用教诲类童谣，帮助幼儿在做中学，

丰富认知、学习技能。

（2）故事引导与现实应用相结合。

教师可以结合幼儿喜欢模仿的特点，运用故事、现实情景，引导幼儿尝试使用商讨性语言，学习与同伴友好相处。根据幼儿的年龄特点，教师在组织活动时，首先要注意同一种材料的投放要充足，满足幼儿相互模仿的需求，避免争抢行为的发生。如果发生争抢事件，可以运用故事引导的方式帮助幼儿解决问题，并注意引导他们在现实情景中应用。在日常活动中，教师要注意使用商讨性语言，提醒并带动幼儿进行模仿学习。同时，教师要及时与幼儿家长沟通联系，在家中引导幼儿与他人分享物品，让幼儿逐渐体验分享的快乐。

（3）安全试误。

教师可以结合幼儿好奇、好动的特点，运用安全试误的方法，引导幼儿通过亲身体验和感受，满足活动的欲望，丰富自我保护技能。面对幼儿的“各种冒险行为”，教师对幼儿的警示应适当，避免失去教师威信，对幼儿的“探险”需要，教师要把握分寸。

（4）顺势引导，变注意力转移为兴趣下的有效学习。

教师可以结合幼儿的注意力持续时间短暂、无意注意为主的特点，运用活泼有趣的小活动，对幼儿进行顺势引导，满足他们的好奇心和探究欲，提高他们的自我保护意识。教师要抓住幼儿的瞬间兴趣，及时给予引导，变注意力转移为兴趣下的有效学习。

（三）要点二：中大班幼儿教育环节的问题与处理方法

1．问题

（1）活动意识强，自护意识和方法缺乏。

（2）探究意识强，易冒险。

（3）交往需求大，发生冲突多。

（4）自制力差，不遵守规则。

2．处理方法

（1）运用案例呈现策略。

教师可以结合幼儿的好奇心、求知欲强的发展特点，把一些危险事件和问题可能发生的后果，直观形象地呈现出来，让幼儿看得见、摸得着，从而感知它们的危害性。当可能发生的事件和问题成了直观、形象、生动的、看得见、摸得着的现实后，这些切身感受、直观印象能使幼儿在了解和体会别人痛苦的同时，逐渐增强预测、判断、回避危险的意识。

（2）适时介入，随机引导。

教师可以根据幼儿喜欢交往、渴望合作的特点，利用幼儿身边发生的事件和出现的问题，及时引导他们用商量、讨论、借助外力等方法自主解决矛盾和冲突。随着年龄的增长，中、大班幼儿的交往、合作性行为增多，活动量大，精力旺盛，但是自我控制能力较差，尤其是男孩，易因冲动引发冲突，最常见的便是幼儿无意碰撞引发的冲突，教师通过引导幼儿使用交往性语言，化解冲突，让交往变得更加顺利。幼儿社会交往能力的培养虽然离不开成人的引导，但主要还是幼儿平时自身的体验和实践经验积累的结果，这是一个漫长的过程，要通过与同伴交往来实现。交往语言的使用、轮流方法的采纳、自主协商的促成，解决了幼儿之间诸多的冲突和矛盾，从而进一步提高了幼儿的交往技能。

（3）经验迁移。

教师可以结合幼儿思维、想象、理解能力增强的特点，通过运用假设想象、规则建立、固化行为的策略，引导幼儿在不断实践、调整、运用的过程中，理解规则的重要性，进而主动遵守规则，逐渐养成良好的自我保护习惯。到了中、大班，幼儿已经拥有大量自我保护经验，幼儿在这个阶段，最突出的问题就是容易因贪玩而忘记自我保护。因此，教师要顺应幼儿发展的需要，运用多种形式，引导他们在不断实践、提醒、调整、固化的过程中，把自我保护知识、自我保护经验进行整合、迁移和自我运用，从而真正懂得自护。

三、小组讨论

讨论 1：如何看待教学时“完全按照教材内容讲解，不敢逾越”的问题？要求阐述观点与建议。

讨论 2：在组织教育活动时，教师“只备教案，不备道具”这一问题，你如何理解？

四、典型问题分析与建议

典型问题一 提前彩排公开课

幼儿园一年一次的教师练兵课即将开始，园长在动员会上宣布了本次练兵课的教研领域和具体评比要求。

高老师是中（三）班的班主任，也是幼儿园语言学科带头人，她的教研能力强，经常在园内组织的公开课中拿一等奖。对待此次练兵课，高老师的态度非常认真，反复推敲教材内容，活动方案一改再改，总觉得没有达到预期效果。眼看练兵课的日期逼近，高老师心想干脆给孩子们“垫个底”，于是，她把课上的各个环节提前给孩子们从头到尾过了一遍。

公开课当天，高老师在课上表现得踌躇满志。在师生互动环节中，高老师刚要提问，孩子们的手就如雨后春笋般冒了出来。

“呵！小朋友们，今天你们表现得可真积极呀！那刚才故事中究竟是谁……”没等高老师问完问题，几个孩子就已经齐声抢答道：“是小熊！是小熊——”

……

后排听课的一位年轻教师小声嘀咕了一句：“有一点儿假……”

分析

高老师是一名资深的幼儿教师，由于对教学效果期许很高，因此自我要求甚严，这种自我施压、不断挑战的精神是值得我们幼教工作者学习的，但由于高老师对结果太过重视，以至于选择了不恰当的方式——彩排。据笔者了解，这种现象在很多幼儿园中普遍存在，甚至在一些大型的公开课、竞赛课中也有它的影子。

幼儿园开展练兵课的初衷，是想通过活动检验教师们的真实教育教学能力和水平，“彩排”暴露出教师日常教学工作中存在的问题，通过发现—分析—解决问题这一过程，更好地促进了教育教学工作的开展。每次练兵课对于广大教师而言，无疑是一次绝佳的锻炼自我、提升自我的机会，教师应该秉承求真务实、严谨治学的科学态度去对待，而不能用课前彩排的方式来敷衍。彩排过的课表面看起来很流畅，实则很不自然，而且很容易露出破绽，坏处是干扰教师对教育教学最真实的思考，阻碍教师个人成长的空间。

建议

（1）端正态度，提高对练兵课的认识。练兵课对于每个参与的教师都是一种挑战，一种磨砺。面对这样的压力，教师要重过程、轻结果，敢于暴露自己的不足。

（2）可以适当给孩子“垫底”，但“垫底”不等同于彩排。教师在选择教学内容、制定教学目标时，孩子们现有的经验和能力水平往往是教师首要考虑的因素，这些只能靠教师的经验判断；若教师拿捏不准，可以预先给孩子提供与课程内容相关联的知识和经验。给孩子“垫底”的过程也要讲方法、策略，切勿将课程的内容、重要提问等重要信息透露给孩子。

典型问题二 活动准备工作不到位

这是一节小班组的公开课，目的是让幼儿认识长方形、正方形、圆形和三角形，能正确说出这些图形的名称及其特点并进行分类。为了让幼儿加深印象，巩固记忆，殷老师给每个小组分发了饼干，并请孩子们每人自由选择一块饼干品尝。孩子们顿时兴奋起来，纷纷挑选自己想要吃的饼干。突然，伊伊大哭起来，原来是灿灿吃完自己的饼干后，又抢了她的饼干。灿灿是个嘴馋的孩子，殷老师没有批评他，而是又分别给了两个孩子一人一块饼干。没料到，很快又有几个小机灵鬼模仿起灿灿来，他们“吞”下自己的饼干后，径直去抢同伴手里的；有的干脆举起小手说：“老师，我还要吃！”教室里一下子混乱起来。见此情形，殷老师连忙一边摇铃鼓一边说“请安静”，可是丝毫不见效，孩子们依然兴奋不已。殷老师不知不觉中急得涨红了脸，眼泪都快掉下来了。

分析

本案例中教师的行为表现出了教育活动准备过程中比较常见的两个问题，一是对幼儿的年龄特点把握不到位，导致选择教具不恰当；二是没有预料到活动中会出现突发情况，并且当小朋友抢饼干吃的情况发生时，教师采取了再发一份的不当处理方法，这给了其他幼儿一个负面的暗示作用，导致教师收不了场。

建议

（1）根据活动内容和幼儿特点来选择适宜的生活物品做教具。在园的活动都是教师有目的、有计划地组织实施的教育活动。教师应首先了解幼儿的年龄特点和能力水平，小班幼儿对食物的关注度较高，教师采用食物做教具就应考虑到孩子们的特点，要预见到可能产生的各种问题。因此，应尽量少用食物做教具。其实在一日常规活动中几何图形的物品是很多的，从积木玩具到桌面、卡片、图画书等都可以用于教育活动中，既形象直观，又经济适用，这些物品还与幼儿的生活息息相关，可以使幼儿记得更牢。

（2）根据活动中突发的情况进行灵活、适宜的处理。本案例中教师因为教具选择不当、对幼儿估计不足，导致出现突发的抢饼干风波，而教师错误的补给方式又把认识图形的教育活动引向了“品尝会”的方向。此时，教师应及时调整，区别对待两位小朋友，一方面冷处理灿灿，及时收回补发的饼干，并明确表示教师不喜欢抢别人东西的小朋友，让他意识到抢别人的东西是不对的；另一方面向其他幼儿宣布获得更多饼干的新规则，即采用游戏的形式，让大家来玩“找一找”的游戏，从身边找到带有教师指定图形的物品，即可获得饼干作为奖励，尽快将幼儿对吃的注意力转移到寻找图形的活动内容上来。

典型问题三　一言堂——以权威者身份要求幼儿

教师：小（一）班的小朋友？

幼儿：到。

教师：今天有位新老师要来给小朋友们上课，同时又有许多老师要来听课。你们都要表现好，不许和旁边的小朋友说话，不许随便离开座位。我在后面看着，谁要是不听话，待会儿不发大红花给他。知道吗?

幼儿：知道了!

教师：声音太小了，我没有听清楚，待会儿一定要大声回答老师的问题。你们重说一遍。

幼儿：知道了!（幼儿大声回答）

教师：这就对了。你们看看，你们怎么坐的?坐没有坐相，站没有站相。小脚并拢，不许分开；小手放在腿上，不许到处乱放。王老师，你看着谁要是没坐好，就打电话让他爸爸、妈妈不来接他。你们记住了没有?

幼儿：记住了!

教师：这就对了！一动不动，等着老师们到来!

分析

从案例中可以看出，这位教师的教育观念是比较传统的，将自己定位为幼儿的教育者、管理者，将幼儿置于被教育、被管理的地位，喜欢以指令的方式去“指挥”幼儿，用威胁的口吻告诉幼儿如果做错了，会受到惩罚。很明显这样做是不对的。

《幼儿园教育指导纲要（试行）》总则中提出：“教师应成为幼儿活动的支持者、合作者、引导者。教师始终要淡化教师的权威意识，尊重幼儿，以民主、平等、充满爱心的态度，对每个幼儿认真地进行教育和指导。”有新教师来给幼儿上课是个非常好的机会，教师首先要成为幼儿参与活动的支持者，抓住时机，创设宽松、和谐的交往氛围，与幼儿谈话，有意识地激发幼儿积极参与的意识，消除幼儿对陌生教师的恐惧、畏缩心理，使幼儿保持良好的心境，敢于接近新教师，并与新教师进行交流。其次，教师要成为一名活动的引导者，指导幼儿在课堂上应该怎么做。同时，作为一名活动的合作者，教师要告诉幼儿，教师会和他们一起上课，给幼儿安全感，让幼儿觉得教师时刻在关注着他们。

建议

针对上述案例，教师怎样和幼儿交流是适宜的呢?请看下面的范例。

教师：今天我带来了一个好消息，你们想知道吗?

幼儿：想!

教师：我们班的小朋友个个聪明可爱，新来的老师决定来我们班和小朋友一起上课，你们高兴吗?

幼儿：高兴!

教师：我也很高兴，那你们说说应该怎么做呢?

幼儿1：上课不能离开座位，不能随便说话。

教师：说得好，上课时我们要认真听老师讲课，不能随便离开小板凳，也不能随便讲话。

幼儿 2：上课时，要像我这样子坐好！

教师：你真棒，小脚并拢了，小手也放在腿上了，腰挺得直直的。我们都来学学这位小朋友。

教师：还有呢？

幼儿 3：要大声回答老师的问题。

教师：对，如果小朋友的声音太小了，别人就不知道你说的是什么。你们说是不是呀？

幼儿：是！

教师：这就对了，新老师一定会喜欢你们的。我待会儿给你们每人准备一朵大红花。

典型问题四 失信于幼儿

活动室里，王老师正在教小朋友唱一首新歌，孩子们却怎么也安静不下来，歌声听起来有气无力的。王老师生气地停了下来，可过了一会儿孩子们唱歌的时候又是老样子。王老师只得说："你们想不想到户外去玩滑梯、跷跷板呢？"一听说可以出去玩个痛快，孩子们可高兴了。王老师接着说："如果你们认真唱歌，下课后老师就带你们出去玩！"这一招可真管用，活动室里一下子安静下来，孩子们唱得可认真了。下课后，王老师去忙别的事，似乎忘了刚才的许诺，只字未提出去玩滑梯的事。乐乐不甘心地问："王老师，我唱歌可认真了，可不可以出去玩滑梯？"王老师不耐烦地说："今天还有别的事，哪有时间出去玩！"孩子们失望极了……

分析

本案例中王老师将到户外玩滑梯作为奖励对全班幼儿做了承诺，可事后并未履行自己的承诺，即使有幼儿提醒，王老师也只是随意搪塞过去。许多教师在工作中轻易对孩子承诺，教师是说者无心，但孩子们会记住这些承诺，对教师满怀期待。若教师不能兑现自己的承诺，言行不一，势必给孩子造成误导，给幼小的心灵蒙上诚信缺失的阴影。

建议

当幼儿提出希望教师兑现承诺时，教师应积极给予支持，这样既可以对幼儿在教育活动中的良好表现进行积极的回应和肯定，增强教师在班级管理中的威信，又可以为幼儿的行为做示范，让幼儿在潜移默化中获得诚实守信的熏陶。但是，如果教师的确是时间紧张或有其他更紧迫的工作要做而无法抽身随同孩子们一起玩滑梯，则应与幼儿商量，考虑采用替代奖励的方法，如奖励贴纸、小红花、画笑脸或其他游戏活动等满足幼儿的需要。

幼儿教师作为孩子最亲近、最信赖的人，是孩子效仿的第一榜样，是最直接的诚信品质的播种者。幼儿年龄小，模仿能力极强，教师言行一致的示范，更有助于培养孩子诚实守信的品质。

典型问题五 剥夺个别幼儿参与公开课的权利

马上要上公开课了，林老师为了活动能获得成功，把班上几个调皮的孩子送到其他班上去了。其中的调皮大王民民问林老师："林老师，我们到大（三）班去干什么？"林老师说："今天让你们去大(三)班参观。""老师撒谎，那你最喜欢的小佩怎么不去参观啊？"……

分析

小佩为什么不去参观呢？林老师得好好思考这个问题。民民与小佩的区别在哪里呢？为什么不让民民去参加公开课呢？他究竟会影响到教师什么呢？林老师上公开课的目的究竟是什么呢？难道"一切为了孩子、为了一切孩子、为了孩子的一切"的原则在公开课中就行不通吗？

显然，问题提得越多，越表明林老师的做法是不妥的，这样做不仅违背了为全体幼儿成长服务的教育宗旨，也违反了"公开课不以损害幼儿的身心健康为代价"的工作原则，更是直接地伤害了民民这类被特殊对待的幼儿的心理与情感。

建议

（1）正确定位公开课。公开课对教师们来说很重要，既考核了教师的教育教学水平和专业能力，也展示了一所幼儿园的办园成效，因此大家都想把公开课上好。但是公开课不应是伤害课，而应是常态课，要表现出教师的常态水平，展示班级中孩子们发展的常态水平，它是常态班集体的体现。当然，现实中因为班级幼儿数量过多，而公开展示课的机会和时间有限，加上有外来人员观摩考评，一定程度上会影响常态水平的发挥。但即便如此，教师们也应以平常心来看待公开课，而不能投机取巧、蒙骗作假，更不能以损害幼儿的身心健康来换取教师的利益。

（2）合理分组，消除歧视。对于公开课的任务，教师也有许多为难之处，既要尽可能地展示出教师的教育水平，又要保护幼儿的权益，那么可以采取平均分组的方法，将数量较多的班级幼儿划分为两大组。两组幼儿的个性表现和能力水平相近，一组去上公开课，另一组由另外的教师带领开展活动，以群体化的处理方式解决公开课展示时间有限、场地有限的困境。同时，要在活动前向幼儿解释分组开展活动的原因，取得幼儿的理解和认同。

（3）没有差的儿童，只有进步相对较慢的儿童。教师应树立正确的儿童观，认识到幼儿的发展是存在差异性的，幼儿的可塑性是很强的，对于那些好动、爱插嘴、注意力不集中、爱开小差、喜欢攻击别人的小朋友，要给予更多的关注和指导，给他们提供适宜的练习、纠正、发展的机会，变其劣势为优势，让所有的幼儿都得到相对公平、公正的对待，形成积极的自尊、自信。

五、模拟演练与评价

（一）演练脚本

（1）主题：设计教学活动情景，“以孤立来惩罚幼儿”“靠‘镇压’维持课堂纪律”“教学中只关注能力强的幼儿”“依个人好恶评价幼儿的作品”“否定幼儿富有个性的表达”这几个主题可任选其一；每个学生自行选择其中一个领域活动（包括科学、社会、语言、健康、艺术）进行试讲。本环节在幼儿园一日生活中占主导地位，是学生要掌握的必备技能，对学生提出了较高要求，故本主题设计了两个准备活动。

（2）演练要求。

① 以上演练主题需在教育活动中体现。

② 分小组演练。

③ 小组代表在演练前对本组设计的演练脚本进行阐述。

④ 上交演练脚本。

（3）试讲要求。

① 每一位学生单独进行试讲。

② 对试讲的学生进行评价。

③ 上交教案。

（4）参与成员：全体学生与教师。

（5）演练活动规则。

① 建议演练学时为 4 个学时。

② 小组成员不超过 10 人。

③ 演练时间不超过 15 分钟。

④ 教师或其他学生可对当前演练小组的成员进行提问。

⑤ 其他小组及时对演练小组进行评价与反馈。

（6）试讲活动规则。

① 每人的试讲时间为 10 分钟。

② 全体学生都需要进行试讲，教师可根据课时自行安排试讲时间。

③ 可对试讲的学生进行提问答辩。

（二）注意事项

1. 模拟演练

（1）充分理解主题内容，不跑题。

（2）演练脚本应层次清晰，合理对主题进行展开描述。

（3）小组人员合理分配

（4）扫描二维码自行下载演练脚本。

2. 试讲

（1）教案结构清晰，活动延伸合理。

（2）合理把握试讲时间，不超时。

（3）着装得当，语言规范。

（4）不需要填写表 2-13。

（三）演练评价

表 2-13 是针对本主题进行互动的评价表，其他小组可对当前演练小组的表现进行评分并给予建议与反馈。

表 2-13　教育环节主题互动评价表

评 分 标 准		分值（共 10 分）	得　分
对主题理解充分，内容完整，有解决策略		2 分	
教师扮演者的教态自然，着装得当，应变力强		2 分	
对设计脚本的说明合理，有充分的理由依据		2 分	
小组成员配合默契，角色分配明确，充分体现人物特点		2 分	
幼儿扮演者的神态、动作丰富生动，能体现幼儿的特点		1 分	
语言规范、发音标准、用词准确得当		1 分	
总分			
评分分档	9～10 分	优秀	
	7～8 分	良好	
	5～6 分	及格	
	0～4 分	不及格	
建议与反馈			

课后反思

你在实习过程中发现教师在教育活动中存在哪些不妥之处？请列举几点。

模块八　午睡环节

实习目标

1. 掌握典型问题的处理方法。
2. 能准确地把午睡准备情况及注意事项运用到工作中。

一、课程导入

幼儿园的午睡相对于一日生活中的其他环节，时间长，环境安静。从医学保健角度来说，幼儿睡眠时呼吸变得深长，心跳也缓慢下来，全身肌肉得到放松，氧和能量的消耗最少。这时，疲劳的细胞得到休息，又可从血液里得到新的养分，保护脑神经细胞免于过度疲劳而损坏，体力也逐渐得到恢复。午睡是幼儿园一日生活不可或缺的重要环节之一，那么，怎样实现甜蜜午睡呢？教师首先要明确午睡过程中不同年龄段的幼儿应达到的目标要求和具体内容，抓住睡前、睡中、睡后潜在的教育价值，采用温馨有趣的指导策略，充分发挥午睡环节在幼儿自身成长和发展中的特殊作用。

动画《乐美说午睡》

二、教学过程

（一）午睡常规要求

午睡对于幼儿来讲是一种独立性的体现，不仅仅在于它是早教的关键培养目标，更重要的是它能让幼儿体验无与伦比的成就感。此外，诸如自信、果敢等品质，也会在孩子内心中得以生根发芽。午睡时应该让幼儿自己做，做不好的，教师应协助幼儿做，但不是代替幼儿做；幼儿自己做又能做好的，必须让幼儿自己做。让幼儿在自己完成的过程中来体验小小的成功带来的快乐。午睡环节教师的具体工作流程见表 2-14。

表 2-14　午睡环节教师的具体工作流程

午睡流程	常规要求	注意事项
睡前准备	教师协助保育员铺好床铺，拉下窗帘，营造午睡环境	（1）早晨寝室要开窗通风，午睡前0.5～1小时关闭窗户，铺床等。 （2）午睡前，检查幼儿是否带物品上床
换鞋	餐后活动结束后教师组织全体幼儿搬椅子、换拖鞋	
更换睡衣	教师指导幼儿叠放衣服并整齐地放在固定位置上，安静上床，不影响他人	
巡视	午睡值班教师来回巡视，为幼儿盖被子，纠正幼儿的不良睡姿，随时观察幼儿有无异常现象做到：一听、二看、三摸、四做。一听：听幼儿呼吸是否正常；二看：看幼儿的神态，严密注视幼儿的举动有无异常，发现问题，及时处理；三模：摸摸幼儿额头的温度；四做：纠正幼儿不良睡姿，为个别踢被子的幼儿盖好。	（1）午睡巡视时注意观察是否有入睡困难、有特殊需要的幼儿 （2）幼儿午睡期间保持睡眠环境空气流通，根据室内温度及时增减被褥
起床	一名教师组织幼儿自己穿衣、裤、鞋。另一名教师帮助、指导个别幼儿穿衣服	
午检	教师检查衣服是否整理好，有无穿错现象，观察幼儿面部体温，看幼儿的身体是否有不适现象，并帮助女孩梳理头发	
整理床铺和被褥	一名教师同保育员一起整理床铺和被褥	

（二）要点一：托、小班幼儿午睡的问题与处理方法

1. 问题

（1）入睡困难。

（2）不会盖被子。

（3）穿、脱衣服有困难。

（4）不会求助。

（5）个别幼儿午睡时喜欢玩小东西。

（6）醒来后不能安静，影响同伴。

（7）尿床现象时有发生。

2. 处理方法

（1）活动吸引。

面对大多数刚入园的幼儿对午睡的不适应，教师可以用幼儿喜欢的游戏方式转移其注意力，通过“我的小床”“枕头宝宝”等系列活动，帮助幼儿摆脱情绪困扰，与午睡环境建立亲近感，使幼儿欣然进入甜蜜午睡。

（2）说做一体。

面对幼儿不会自己盖被子、脱套头衫以及折叠衣服不整齐等问题，教师可以采用短小易学、形象生动的儿歌，让幼儿在潜移默化中轻松地学习盖被子、脱衣服的方法，以提高幼儿的自我服务能力，逐步帮助幼儿实现午睡自理。每次午睡时，教师可以和幼儿一起边说儿歌边完成上述动作。幼儿非常乐意去学做力所能及的事情，如自己换上拖鞋、盖被子、脱衣服，并与其他小朋友相互帮助，“我能行”“我能干”的成功感和愉悦感就会逐步增强，睡前的氛围也会显得更加温暖与甜蜜。

（3）巧妙帮助。

针对托、小班幼儿分不清衣服的前后左右，经常穿反衣服的问题，教师可围绕“我会穿衣”开展一系列活动，让幼儿学会看衣服上的小标记穿衣服。

（4）悉心引导。

针对托、小班的幼儿遇到困难不会求助的问题，教师要善于观察，悉心引导，鼓励幼儿大胆说出自己的需求。作为教师，平时要鼓励幼儿把自己的想法大胆说出来，可以使用这样的语言引导：“是不是需要老师帮忙呢？老师很想听到你说出来。老师听明白了会很乐意帮助你的。”还要为幼儿创设温馨、宽松的语言环境。当幼儿开始主动向教师求助时，教师要给予积极的回应。对能够主动表达自己需求和看到同伴有紧急情况及时告诉教师的幼儿，教师要在全班幼儿面前给予表扬和鼓励，以巩固其良好的习惯。

（5）及时关注。

针对个别幼儿午睡时有小动作，碰触他人，影响他人睡觉或把细小的物品塞进自己鼻子、嘴巴等情况，教师可在睡前组织游戏活动或用个别引导的方式，及时排除隐患。幼儿午睡过程中像这样的事件时有发生，教师要高度重视。因为有的幼儿入睡比较晚或者醒来比较早，躺在床上无事可做便会有小动作，如挠挠别人、把枕巾叠成各种形状与其他小朋友交换玩耍……幼儿意识不到自己的行为会对他人造成影响，有的幼儿甚至还会把手里的小东西塞进耳、鼻、口中，导致危险事件发生。午睡过程中教师还要加强巡视，关注幼儿有无小动作，发现问题及时解决。另外，教师对影响他人的幼儿要耐心地引导教育，使其懂得随意打扰别人是一种不礼貌的行为，还要与幼儿家长沟通交流，希望不要让幼儿晚上睡得太早或起得太晚，尽量养成午睡的好习惯。

（6）宽慰启发。

托、小班的幼儿在午睡过程中还有一个比较常见的现象——尿床。面对尿床的幼儿，教师首先应从心理上宽慰幼儿，消除他的担心与顾虑，然后通过轻轻的话语提示和温柔的动作帮助，使幼儿身心完全放松，愿意配合教师。

（三）要点二：中、大班幼儿午睡的问题与处理方法

1. 问题

（1）不能较快安静下来。

（2）穿脱整理比较随意。

（3）入睡慢，不能按时午睡。

（4）个别幼儿睡姿不正确。

2. 处理方法

（1）争做“小能手”。

中、大班的幼儿自主探索能力、竞争意识逐渐增强。结合这些特点，围绕幼儿脱衣服、叠衣服中出现的问题，教师可以开展一些竞赛性游戏，如“我的方法好又多”“能干的我”等，让幼儿自主探索，自己总结出好的做法。针对脱上衣时把袖子脱反或者塞进袖筒内这一问题，幼儿最终探索出的方法是“抓住袖口向下拉，两只袖子都拉下。”通过让幼儿自己探索方法，激发出幼儿“我也能行”的好胜心，他们都争着抢着比比谁做得更好，所以，脱叠衣服中出现的问题很快得以解决。如此一来，幼儿不仅把衣服叠得更加整齐，脱衣速度也明显加快，个别幼儿的拖拉习惯也得到明显改善。同时，衣服鞋袜的整齐摆放、午睡环境的有序，也为大家心理上的宁静提供了良好的环境支持。

（2）整理小妙招。

起床后整理衣服和床铺往往被幼儿忽略，因此才会出现幼儿衣服不整、被子不叠等问题。运用一些整理小妙招或许能在幼儿的兴趣激发、动作提示、技能练习等方面提供有效支持。

（3）午睡小讨论。

中、大班幼儿的语言、思维能力有了进一步发展。教师可以围绕午睡过程中出现的问题引导幼儿展开讨论，如“睡前如厕问题”“脱下的衣服如何摆放”等。通过讨论，帮助幼儿明辨事理，懂得怎样做得更好。午睡小讨论的话题还有很多，如“小明起床后袜子找不到了，为什么？怎么办？”这个话题可以帮助幼儿懂得做事要有条有理，才能便捷又舒服。教师还可以围绕“午睡时间”“吱吱响的鞋子”等问题组织幼儿展开讨论，使幼儿懂得午睡时间不做剧烈活动，不影响同伴等。关于讨论的形式和内容，教师可灵活把握，简单的问题当场就可讨论解决，具有普遍性或讨论激烈的话题可以组织集体讨论。这样通过讨论，能有效解决幼儿午睡过程中出现的小问题，为甜蜜午睡消除障碍。

（4）睡前赏析。

幼儿躺下后进入睡眠状态需要一个过程，这个过程需要有一个轻松、温馨的氛围。睡前赏析活动满足了这一需要。每天的睡前赏析成了幼儿最期盼的时刻，它不仅有利于平静幼儿的心情，促使幼儿尽快入睡，而且满足了幼儿对文学艺术的想象与渴望，让他们带着这份满足和美好进入甜蜜的梦乡。

（5）温馨来陪伴。

面对入睡难的幼儿，教师对他们要多加关注和陪伴，每天鼓励他们的进步，也可送句悄悄话或者与他们做一个美好的约定，鼓励其尽快入睡。另外，与其家长联系，取得其家长的配合，在家适当调整幼儿的作息时间，使其与幼儿园的作息时间基本一致，逐步培养幼儿的午睡习惯。

（6）小记者采访。

幼儿通过自己的努力解决了问题，他们的感悟会更加深刻，为此，针对有的幼儿贪玩、不想睡午觉的问题，教师可组织这类幼儿进行午睡小记者采访活动。幼儿通过对同伴、家长、医生和教师等进行采访，懂得午睡可以使大脑得到很好的休息，使身体得到放松，同时，还能帮助小朋友们长高等道理，懂得午睡时间不贪玩、不打扰同伴，要按时午睡。

（四）要点三：不良睡姿对身体的影响

幼儿入睡时的不良睡姿会对身体造成伤害，如幼儿趴着睡觉对心、肺、胃肠及膀胱等脏腑器官的压迫较重，幼儿园里发生过多起孩子趴着入睡让被褥捂住口鼻而猝死的事件。幼儿蒙头入睡，由于被子的阻碍，使外界的新鲜空气进不来，而被子里的空间是有限的，吸入的氧气越来越少，呼出的二氧化碳越来越多，浓度逐渐增高。高浓度的二氧化碳对人体具有毒性，可使人出现头疼、气急、全身无力等症状。在出现这些症状时，孩子就会感到不舒服而挣扎翻动，直到把被子踢开，有的还会从梦中突然惊醒或大喊大叫。如果幼儿在天气寒冷时踢开被子，还可能患感冒、气管炎、肺炎等。

（五）要点四：常见的幼儿睡觉方式

1. 蒙头睡

在冬季，很多孩子喜欢蒙头睡。被子内的湿度高，空气不流通，孩子容易出现精神委靡、无精打采，甚至哈欠连连、浑身发酸的现象，一些新陈代谢较旺盛的幼儿还易出现呼吸不畅、大汗淋漓，最后患感冒或虚脱。

2. 蜷缩睡

一些幼儿喜欢蜷缩着睡，这是孩子缺乏安全感的一种表现。因为孩子在胎儿期就是以这种姿势睡觉的，这是一种本能，使孩子有安全感。而这种睡姿的危险性也很高，可能会引起窒息、影响牙齿发育等。

3. 夹腿睡

有些孩子还会夹腿睡，尤其是女孩子，常会把两腿紧紧夹在一起，以这种特定的姿势入睡，额头上还微微有汗。出现这种现象的幼儿可能是因为由蛲虫、裤子太紧、尿湿等刺激引起外部发痒，心理上可能是由于家庭气氛紧张、缺乏母爱、遭受歧视等原因，孩子通过自身刺激来寻求宣泄。

三、小组讨论

讨论 1：如何看待关于“把爱哭的孩子关进小黑屋”的问题？阐述观点及建议。

讨论 2：在午睡时，“幼儿原有习惯不好改”如何应对？

四、典型问题分析与建议

典型问题一 缺乏对睡眠环境的营造意识

又到了午睡时间，也是上午班教师和下午班教师的交接时间。两位教师正在谈论一个幼儿的情况，而且说话声音越来越大，于是班上的小朋友们也开始你一句我一句地躺在床上聊起天来。接班教师突然意识到这个问题，于是大声对孩子们说：“眼睛闭起来，嘴巴闭起来，赶快睡！”上午班教师走后，有个小朋友突然对教师说：“教师，我觉得灯太亮了。你能把我上面的灯关掉吗？”就在教师准备回答时，右边的小朋友也赶紧说：“我也觉得太亮了，不要开我这边的灯。”教师听后果断地把灯都关掉了，孩子们终于安静了。

分析

午睡质量直接影响着孩子的一日生活、学习，乃至身体、健康。教师不仅要为幼儿上好课、组织好活动，同时也要帮助幼儿养成良好的睡眠习惯。许多教师在孩子午睡时有和班上其他教师交谈的习惯，对于刚要入睡的幼儿，这种嘈杂会使他们兴奋，更为那些平时就不容易入睡、喜欢午睡时说话的幼儿提供了说话的机会。所以，要求孩子入睡，教师自己首先要做到不打扰孩子入睡，确保孩子有良好的午睡环境。此外，个别教师还可能会忽略光线对幼儿午睡的影响。

建议

午睡环境的营造对幼儿午睡习惯的养成具有非常重要的作用，这就要求教师注意以下几点。

（1）睡前，教师要记得拉上窗帘、关灯，为幼儿入睡创造一个安静、柔和、舒适、宽松、空气流通的睡眠环境，从而提高幼儿的睡眠质量。

（2）有效地运用口头表扬策略。率先表扬几个睡眠习惯好的幼儿，提醒孩子们赶快入睡。尽量少用命令式的语言提示幼儿入睡。

（3）教师以身作则，午睡时讲话轻、动作轻，给孩子树立榜样。

（4）教师可根据幼儿的年龄特点，在寝室内张贴一些处于睡眠中的动物的图案，或者在墙上布置一些星星、月亮等符合睡眠环境的图案，以营造睡眠的氛围。

典型问题二　午睡检查工作不到位

中午，幼儿园里静悄悄的，孩子们早已进入了梦乡。教师轻轻地从幼儿床边走过，给爱踢被子的朱朱盖被子，帮爱趴着睡的阳阳翻过身。但是在帮阳阳盖被子时，教师发现阳阳手里捏着一颗苹果形状的纽扣，检查阳阳的外衣、外裤，纽扣是完整的。教师于是又检查了睡在阳阳旁边的萌萌的衣服，原来是萌萌衣服上的苹果纽扣掉了。一定是阳 阳睡觉前捡起来玩，结果慢慢地睡着了。睡梦中手里捏着纽扣无疑是危险的，教师马上给萌萌缝好了纽扣。

正在巡视幼儿的睡眠情况时，教师又发现童童手里有一个闪闪发亮的东西。走近一看，原来他拿着一颗图钉，这是从哪里来的？可能是教师用了图钉后没有收好，被小朋友拿到了。看到孩子手里的图钉，教师惊出了一身冷汗。

分析

幼儿午睡时，教师怎样做才能确保幼儿的安全？教师用完东西是否该放回原处，或者放到幼儿拿不到的地方？《幼儿园教育指导纲要（试行）》明确指出：“幼儿园必须把保护幼儿生命和促进幼儿的健康放在工作首位。”上述案例中，由于教师没有对幼儿进行午睡前的安检工作，险些导致幼儿发生意外。幼教工作是一项烦琐、细致的工作，作为一名幼儿教师，工作中不仅要有爱心、细心、耐心，更重要的是要有强烈的责任心。教师要克服麻痹思想，将安全意识贯穿于一日生活的各个环节，时时、事事做好安全防范。安全是幼儿在幼儿园一日生活中的头等大事。孩子年龄小，自控能力差，更缺乏安全意识，所以在一日活动的各个环节都要注意幼儿的安全。

建议

（1）在日常工作中，教师要做到物品收放整齐、不乱放。

（2）在日常活动中，要向幼儿讲述一些安全知识，讲述各类因睡觉时玩扣子、小玩具、拉锁、别针等危险物品而造成生命危险的事例，培养幼儿的自我保护意识。

（3）幼儿午睡前，值班教师应对寝室的门、窗、床铺等进行全面仔细的安全检查，确保无安全隐患。

（4）值班教师应逐一对幼儿进行睡前的安全检查，防止幼儿把尖锐、坚硬、细小的危险性物品，如豆类、扣子、小刀、发饰、钉子、图钉等带入寝室。

（5）在午睡时，检查幼儿的睡姿，如果睡姿不对，教师要及时加以纠正。

（6）在幼儿午睡时，值班教师一定要多观察、多走动，如有异常，如发现幼儿出汗或呼吸不均匀，或脸色发黄，要叫醒幼儿，询问有无不适，并及时对症处理。

（7）值班教师要严格遵守午睡值班制度，密切关注幼儿的动态，特别是对身体不好的孩子要格外给予关注和照顾。

典型问题三 寝室没有开窗通风

午睡起床后，因为森森有点咳嗽，奶奶不放心，来幼儿园接森森回家。森森的奶奶在寝室里拿完被子后，对蒋老师说："老师，寝室里有味道，我看你们的窗户都是关着的，是不是应该把窗户打开通风呢？"

刚刚值完午睡班的蒋老师尴尬地笑了笑，因为她并没有做到坚持开窗通风。因为她认为孩子能够安静地午睡就可以了，与有无开窗关系不大。

分析

在蒋老师看来，午睡前后开不开窗与幼儿的午睡质量是没有关系的，只要幼儿能睡着觉就可以了，她没有考虑到空气的不流通会给幼儿的身体健康带来危害。

经常开窗通风可保持室内空气流通，可以破坏致病因子的生长环境，使病毒、细菌的数量减少；经常开窗通风能减少室内空气污染并可保持室内空气新鲜，新鲜空气里有充足的氧气，能促进人体新陈代谢，对幼儿身体的成长发育都是有利的。

建议

教师应该每天早、中、晚坚持定时通风换气，保持室内空气新鲜。强调通风，并不意味着要整日门窗洞开，教师应根据气候及风力大小掌握开窗的大小和通风的时间，一般每次开窗时间为 10～30 分钟较好。

夏天，幼儿午睡时可以开窗睡觉，但是应避免风直吹幼儿的头部，且身体弱的幼儿要睡在背风的地方。冬季，幼儿入睡前一定要开窗通风换气（刮大风时除外）。天冷时，教师应在幼儿脱衣服前先把窗户关上，等幼儿全部睡下后再根据气候来决定是否开窗。

典型问题四 重视起床速度，轻视对幼儿自理能力的培养

“小颜颜，来，老师帮你穿裤子。好，穿好了，到教室里去吧。”

“小华，来，老师帮你把鞋子穿好。”

大多数小朋友都在教师的帮助下穿好了衣裤、鞋子，只有小帆一个人倔犟地坐在床上，慢慢地自己穿衣裤。

小潘老师看到只剩下他一个人了，很是着急，来到小帆床边对他：“你太慢了，老师来帮你。”

可倔犟的小帆坚持要自己扣好外衣的扣子。

分析

午睡前后幼儿穿、脱衣服时，教师到底该怎样做呢？《幼儿园教育指导纲要（试行）》指出：“既要高度重视和满足幼儿受保护、受照顾的需要，又要尊重和满足他们不断增长的独立要求，避免过度保护和包办代替，鼓励并指导幼儿自理、自立的尝试。”上述案例中的幼儿坚持要自己扣外衣扣子，说明了其有独立的要求，想长大。小潘老师的行为忽视了对幼儿动手能力和自理能力的培养。

建议

（1）有目的地利用娃娃家游戏来训练幼儿的穿、脱衣能力。让幼儿在娃娃家里扮演爸爸、妈妈的角色，学着帮娃娃脱衣服、穿衣服。教师还可以利用简单有趣的儿歌、故事、图片等提高幼儿的穿、脱衣能力。朗朗上口的儿歌深受孩子们的青睐，可激发他们穿、脱衣的兴趣。

（2）在平时的午睡环节中培养幼儿穿、脱衣的能力。教师要耐心地讲解并示范给幼儿看，要给幼儿自己尝试的机会。也可培养幼儿之间互相帮助的合作意识。例如，在脱衣服时可以互相帮忙拉裤脚、袖子；穿衣服时可以互相系罩衣的带子。

（3）通过激励、表扬那些进步快的孩子，为其他孩子树立学习的榜样。此外，教师还应该与家长交流，为幼儿准备便于脱穿的衣物，要求家长在家里就开始培养孩子的自理能力。

五、模拟演练与评价

（一）演练脚本

（1）主题：设计午睡情景，“带着玩具睡”“过分关爱幼儿”“需要教师陪”这几个主题可任选其一。

（2）要求。

① 以上主题应结合午睡情景进行设计。

② 小组成员分工明确，可借助道具辅助演练。

③ 上交演练脚本

（3）参与成员：全班学生及教师。

（4）活动规则。

① 建议演练学时为两个学时。

② 小组成员不超过 8 人。

③ 演练时间不超过 8 分钟。

④ 其他小组对演练小组进行评价。

（二）注意事项

（1）演练脚本设计结构清晰，观点明确。

（2）小组成员分配合理。

（3）演练时幼儿角色扮演者要尽可能以幼儿的心态表现出真实场景。

（4）演练时教师角色扮演者要尽可能结合现场的实际状况与所学知识完成演练。

（三）演练评价

表 2-15 是针对本主题活动进行互动的评价表，其他小组可对当前演练小组的表现进行评分并给予建议与反馈。

表 2-15 午睡环节主题活动互动评价表

<table>
<tr><th colspan="2">评 分 标 准</th><th>分值（共 10 分）</th><th>得　分</th></tr>
<tr><td colspan="2">对主题理解充分，内容完整，有解决策略</td><td>3 分</td><td></td></tr>
<tr><td colspan="2">教师扮演者的教态自然，着装得当，应变力强</td><td>2 分</td><td></td></tr>
<tr><td colspan="2">小组准备充分，能借助道具进行表演</td><td>1 分</td><td></td></tr>
<tr><td colspan="2">小组成员配合默契，角色分配明确，能充分体现人物特点</td><td>2 分</td><td></td></tr>
<tr><td colspan="2">幼儿扮演者的神态、动作丰富生动，能体现幼儿的特点</td><td>1 分</td><td></td></tr>
<tr><td colspan="2">语言规范、发音标准、用词准确得当</td><td>1 分</td><td></td></tr>
<tr><td colspan="2">总分</td><td colspan="2"></td></tr>
<tr><td rowspan="4">评分分档</td><td>9～10 分</td><td colspan="2">优秀</td></tr>
<tr><td>7～8 分</td><td colspan="2">良好</td></tr>
<tr><td>5～6 分</td><td colspan="2">及格</td></tr>
<tr><td>0～4 分</td><td colspan="2">不及格</td></tr>
<tr><td>建议与反馈</td><td colspan="3"></td></tr>
</table>

课后反思

1．在幼儿园实习的过程中，你是否留意到幼儿园的教师是如何处理午睡时哭泣的幼儿的？你会怎么做？有什么收获？

2．你会用什么样的案例活动来引导幼儿安静地入睡，让幼儿入睡有一个良好的常规习惯？

模块九 离园环节

实习目标

1. 掌握典型问题的解决方法。
2. 了解离园环节的流程及注意事项。
3. 能独立完成离园接待环节。

一、课程导入

动画《乐美说离园》

离园环节是幼儿在幼儿园里度过的最后一个环节，这个环节包括晚餐、餐后活动、再见拥抱。离园前教师要给每一个孩子再一次的拥抱传递。经过一天丰富多彩的生活，幼儿获得了诸多的感受和体验。教师要利用离园短暂的时光，有计划地组织幼儿进行离园整理，包括情绪情感、仪容仪表和离园物品的整理等，可以帮助幼儿梳理一天的活动和收获，对幼儿获得情感认知和情绪体验、提高自我服务能力和生活能力都具有重要的意义。

二、教学过程

（一）离园常规要求

离园环节的组织极易被教师忽视，问题主要表现在两个方面：一方面是对幼儿安全方面的考虑，教师在离园环节要求过多，给幼儿自主选择的机会少，导致幼儿缺乏应有的放松和自由；另一方面表现在离园环节过度放任，离园活动缺少必要的组织和管理，环境和材料不能很好地吸引幼儿投入，幼儿无所事事，就容易出现冲突、磕伤等情况。因此，教师要十分重视离园环节的组织与指导。离园环节教师的具体工作流程见表 2-16。

表 2-16　离园环节教师的具体工作流程

离 园 流 程	常 规 要 求	注 意 事 项
离园前准备	（1）进餐完毕后，一名教师组织室内活动（如延伸教学内容、讲故事等），稳定幼儿的情绪，活动结束后检查每位幼儿的衣物和容貌 （2）另一名教师组织坐校车的幼儿如厕，带好随身物品并排队	（1）检查幼儿是否有磕碰、抓痕。 （2）提醒幼儿回家的注意事项，对幼儿进行安全教育和礼貌教育，表扬好人好事

续表

离园流程	常规要求	注意事项
幼儿离园	（1）配班教师将排好队的幼儿送入校车内，与随行校车教师做好交接，记录签字并与幼儿亲切再见 （2）主班教师站在班级门口热情接待好每位家长，主动与家长反馈幼儿在园的情况 （3）主班教师严格执行幼儿园接送制度，将幼儿交送到家长手中（如有药品交接，亲自把药品交接到家长手中） （4）如果是陌生人接幼儿，教师要及时与家长沟通（电话要录音），确认身份，教师再请幼儿确认陌生人的身份，确认后，方可离园（最好留下身份证复印件）	（1）对未及时接走的孩子应组织适当的游戏活动等待家长到来 （2）确保幼儿安全离园
教师离园前整理	（1）教师组织剩余幼儿，检查本班的门窗、水电是否关闭。 （2）教师把未接走的幼儿送到延时班，并签字确认，与幼儿再见	

（二）要点一：托、小班幼儿离园的问题与处理方法

1. 问题

（1）渴望见到家人，心情着急。

（2）整理、归位意识不足。

（3）没有建立安全感，不能投入地玩。

2. 处理方法

（1）实施身体互动、情景渲染的指导策略。

教师要善于运用身体互动、情景游戏，营造快乐有趣的情绪氛围，使幼儿保持身心愉悦、放松，满足托、小班的幼儿对角色互动、情境游戏的需要。特别是师幼之间的身体接触，给幼儿注入一种兴奋和愉悦，能很好地唤起幼儿参与活动的愿望，避免不良情绪的生长，为幼儿高兴离园提供了条件和保证。

（2）利用活动带动幼儿策略。

教师要善于利用活动带动幼儿，使幼儿乐于进行仪表整理、物品整理，使自我服务的过程成为有趣的游戏过程。通过情景化的语言和场景，使幼儿积极参与到整理仪表和整理物品的活动中，让幼儿充分体验自我服务的过程，使整理技能不断得到提高，促进幼儿自我服务习惯的养成。

（3）运用情绪抚慰、巧妙回应的引导策略。

教师要善于运用情绪抚慰、巧妙回应等引导策略，稳定个别幼儿的情绪问题。面对“我

妈妈怎么还不来接我”等情绪问题，“妈妈马上就来了”、“妈妈一会儿就来了”。这样的回答并不能改善幼儿的情绪，幼儿还会一直问。如果我们试着改变说法：“你妈妈已经在路上了”“妈妈到大门口了”“吃完点心妈妈就来了”等，幼儿的情绪可能就会有大的转变。相比前面的回答，从一定意义上说，后面的回答具有明显的地点和时间特征，给幼儿的是一个比较明确的指向，在一定程度上缩短了心理分离的距离，这样的回答会让幼儿感到一定的安全感，能很好地稳定幼儿的情绪。

（三）要点二：中、大班幼儿离园的问题与处理方法

1. 问题

（1）情绪高涨，挑战规则意识强。

（2）幼儿喜欢关注他人，告状声不断。

（3）热衷于离园活动，不愿离园。

（4）幼儿记不清、记不住小任务。

（5）同伴之间有很多小约定，但有些约定会故意避开教师的视线。

2. 处理方法

（1）运用案例分析、跟踪指导策略。

在幼儿园的离园活动中，教师都有这样的体会，到了自选区域活动的时间，幼儿来不及听从教师的要求，就迫不及待地冲到活动区，特别是有的幼儿带来了新玩具、新图书，一定是所有幼儿的集中点和兴趣点。中班的幼儿控制力、约束力又比较欠缺，遇到类似的情况时，极易出现争抢和冲突，需要教师对幼儿进行细致的观察和了解，避免发生危险。同时，教师也要对幼儿的行为表现做分析，既要面向全体，更要关注个别幼儿，用专业的眼光解读、剖析幼儿行为背后的根源。

（2）利用问题点拨、引发分享策略。

教师要不断引导幼儿学习关注同伴、发现他人的长处，提高判断、评价的意识与能力。幼儿对同伴的关注点来自于他们日常交往和游戏时的体验与感受。通过说出自己和同伴的进步，幼儿建立了良好的自我概念和同伴群，不仅可以分享友谊，更能分享情感认知、语言表达等多方面的经验。

（3）运用适当延长、留有期待策略。

教师引导幼儿愉快地结束活动，与家长离开。相对于托、小班的幼儿来说，中、大班的幼儿已经不再着急回家。丰富有趣的区域自选活动给了幼儿更多的自由和自主空间，让幼儿与好朋友可以进行充分交流与沟通。有的幼儿看到自己的爸爸、妈妈来了，却一点儿也不着急走，对手中的玩具恋恋不舍。教师可以提醒幼儿：“玩具就放在咱们班，明天还能玩。”也有一些幼儿不愿意走，是因为自己的好朋友还没走，想和好朋友一起走，教师可以提出建议：“你到院子里一边玩一边等你的好朋友吧，他马上就会去找你了。”

（4）运用任务引导、激发参与策略。

教师要有意识地教幼儿学习记住小任务的方法。根据离园环节与家庭生活连接紧密的特点，教师要结合日常教育教学实际，适当给幼儿留一部分小任务带回家去，与父母一起

完成，如亲子共读、亲子小游戏、家庭调查统计、社会实践活动、节日感恩活动等。这不仅可以使家长了解幼儿园的活动形式和内容，丰富幼儿的家庭生活，而且可以融洽亲子关系，提高家长参与教育的意识和家教能力。

（5）运用支持点拨、适当关注策略。

教师要充分运用支持点拨、适当关注的教育策略，发挥好自主约定的价值和作用，逐步培养幼儿自主交往的能力。中、大班幼儿的自主交往意识明显提高，他们之间开始有许多的小约定，有时会故意避开教师的视线。其实来自幼儿之间的约定大多是积极的、美好的，可以不断激起幼儿的活动兴趣和良好行为，教师要给予支持和鼓励。

三、小组讨论

教师在做离园接待时，面对家长每天提出的“我的孩子怎么样”的问题，应如何解决？要求阐述几种遇到的情况及解决策略。

四、典型问题分析与建议

典型问题一　漠视晚接幼儿的情感

离园时间到了，孩子们一个一个地被家长接走了，只剩下其其没人接了。“今天我有事，我先走了！”李老师拎起背包，快步走出了教室。“唉！又有一个孩子没人接，真烦人！”“是啊，我今天还要去买菜呢！”丁老师和王老师你一句我一句地聊着。其其一个人坐在小板凳上，无助地望着教室门口。

又过了十几分钟，还是没人来接其其，其其的神情更焦虑了，教师也等得不耐烦了，“怎么还不来接，八成是打麻将忘记了接孩子。”“丁老师，我妈妈不打麻将，我妈妈在上班！”其其赶紧为妈妈辩解。“上班？现在也该下班了呀！”王老师接口道，“明天叫你妈妈早点来接你，不要耽误老师的时间，听到了吗？”“嗯。”其其小声应道。

分析

上述案例中，由于其其没人接，教师将烦躁的情绪表现在脸上，话语也不知不觉地伤害到了孩子幼小的心灵。殊不知，晚接的孩子的心灵是最脆弱的。其他小朋友都被父母接走了，空荡荡的教室会让孩子感到寂寞和无助，他们担心没人来接自己，再加上教师冷冰冰的脸色和话语，孩子的心里会十分难过。此外，教师的责怪还有可能导致孩子对父母的误会，在孩子幼小的心灵中留下难以磨灭的阴影。

建议

（1）召开家长会时提要求，要求家长按时接孩子、了解晚接孩子对孩子心灵的伤害，相信大部分家长都能做到准时接孩子。

（2）对于总是习惯晚接的家长，与他们进行个别交流，了解其家庭成员的基本情况，建议家长与家庭成员将接孩子的事宜协调处理好。

（3）教师轮流值班，每天留一位教师照看晚接的幼儿，避免3位教师同时守着一个孩子。

（4）对于晚接的孩子，要进行言语上的安抚，如“妈妈快来了，老师帮你打个电话问一问，也许妈妈正在路上呢！”在等待的过程中，教师可以跟孩子亲切地聊天，或者让孩子看故事书、玩玩具，以缓解孩子焦虑的情绪。

典型问题二 不能准确地说出幼儿被谁接走了

离园时，小（二）班的孩子们见到家长来接自己，顿时兴奋起来。教师努力地和每个孩子打招呼告别，一会儿，杨杨妈妈来问老师：“杨杨呢？”教师清楚地记得杨杨是和她打了招呼说完“再见”才走的，但是谁来接的她有些记不清了。忙说：“杨杨已经被接走了，你打个电话到家里问问吧！”杨杨妈妈不情愿地打了电话，得知孩子被杨杨爸爸接走才放心地转身离去。

分析

小班幼儿在离园时最大的问题就是安全问题。孩子们经过一天的游戏、学习后，都竭力寻找一个放松自我的机会，因此在下午等待家长来接的过程中会显得比较兴奋。上述案例中的教师没做好离园前的组织活动，接待家长时场面比较混乱，导致不能确定幼儿被谁接走，这就存在安全隐患。

建议

（1）开展离园整理、谈话活动。对于小班的幼儿来说，离园前的谈话活动和整理衣着是不可忽视的一个环节。谈话宜以表扬为主，使孩子们了解一天所发生的重要的、有必要知道的事情，知道怎样做是好的、怎样做不好。在谈话的同时，教师还可以检查、整理孩子的衣着，检查鞋子是否穿反、裤子是否穿对、衣服领子是否翻好了……让孩子们进入安静的等待之中。

（2）组织离园游戏。组织一些较为安静和有趣的游戏，让有趣的游戏活动牢牢地吸引幼儿的注意力，尽量减少幼儿因为兴奋而导致的安全隐患，让离园活动又安全又有序。

（3）为离园晚的幼儿安排活动。不让离园晚的幼儿离开教师的视线，组织幼儿进行小游戏，让幼儿的注意力集中在教师这里，而不是趴在窗口等家长。

（4）班上几位教师明确分工。接待家长、照顾孩子、协助整理等，既分工也协作，做到齐心协力。

（5）要求家长持离园证有序排队，一个一个地接孩子。对要求单独和教师交流的家长，礼貌地请他（她）耐心地等一会儿，等其他孩子走后再专门接待。

典型问题三　不会与爱面子的家长沟通

走廊里传来一阵嘈杂的声音，豆豆妈妈怒气冲冲地来到办公室，向园长投诉说：“园长，王老师太让我生气了！”原来，几天前豆豆爸爸接孩子离园的时候，当班的老师表扬他是个负责任的爸爸，爸爸都是按时接孩子回家的，妈妈接的时候在时间上就比较随意。当天回去后，豆豆爸爸在家“批评”了自己的妻子，要求妻子按时接孩子离园。今天豆豆妈妈来接孩子的时候，王老师又向豆豆妈妈表达了这个意思，没想到，豆豆妈妈生气了，说王老师伤害了她的自尊心，不仅使自己在家受了丈夫的气，而且王老师当众批评她，让她很没面了。

园长询问王老师，王老师也很委屈，认为自己就是这样的性格，出于对孩子的关心，说了实情，希望家长能配合幼儿园按时接送孩子，并没有批评家长的意思，没想到豆豆妈妈会这样激动。

分析

教育好孩子，不仅是幼儿园的重要职责，更离不开家长的配合与支持。在这个案例中，教师出于认真负责的态度，与家长交流孩子的情况，这是工作职责所在，但是，教师在与家长交流的过程中，在方式和策略上使家长感到自己没有被尊重和重视，还由此引起家长夫妻间的不愉快，才有了开头的一幕。

建议

（1）了解家长的特点。了解家长的特点是解决问题的根本，也只有知道了家长的性格特点，我们才能在沟通策略和方法上进行适当的调整与转换。豆豆的妈妈时间观念不强，看得出是一个不太在意细节的人，后来发生的事情又让我们看出她是一位比较爱面子的家长。对于这样的家长，我们在与之沟通的时候就应该考虑到他们的性格特点，要委婉地与他们交流和沟通。

（2）主动与家长坦诚交流。豆豆妈妈爱面子，体现在她认为在豆豆爸爸和其他家长面前“受了气”“丢了面子”，教师应多主动和家长沟通，承认自己反馈问题时不注意场合，并真诚希望得到豆豆妈妈的原谅。在后续的接触中，教师应多主动向豆豆妈妈反馈孩子近期在园的状况，逐步解除相互间的误会，让豆豆妈妈看到教师的大度，相互多一些理解，更有利于今后的工作开展。

（3）在家长会上提出要求。如果有些家长的确不能按时接送幼儿，可以在家长会时统一要求，并说明利弊，这样家长们可以自己对号入座，避免了针锋相对。

五、模拟演练与评价

（一）演练脚本

（1）主题：设计离园情景，“自己跑出去”“回应家长的态度与方式有误”“将幼儿间的矛盾延伸到家长身上”这几个主题可任选其一。

（2）要求。

① 对以上选择的主题进行合理延伸。

② 小组成员需对设计的演练脚本进行阐述说明。

③ 分小组演练。

④ 上交演练脚本。

（3）参与成员：全班学生与教师。

（4）活动规则。

① 建议演练学时为两个学时。

② 小组成员不超过 10 人。

③ 演练时间不超过 8 分钟。

④ 教师或其他学生可对当前演练小组的成员进行提问。

⑤ 其他小组及时对演练小组进行评价与反馈。

（二）注意事项

（1）充分理解演练主题，设计脚本不跑题。

（2）小组成员分配合理。

（3）小组代表阐述演练脚本时，要有充分的理由依据。

（4）角色扮演者要尽可能结合现场的实际状况与所学知识完成演练。

（5）扫描二维码自行下载演练脚本。

（三）演练评价

表 2-17 是针对本主题活动进行互动的评价表，其他小组可对当前演练小组的表现进行评分并给予建议与反馈。

表 2-17　离园环节主题活动互动评价表

评分标准		分值（共 10 分）	得　分
对主题理解充分，内容完整，有解决策略，有延伸		3 分	
教师扮演者的教态自然，着装得当，应变力强		1 分	
对设计脚本说明合理，有充分的理由依据		2 分	
小组成员配合默契，角色分配明确，充分体现人物特点		2 分	
幼儿扮演者的神态、动作丰富生动，能体现幼儿的特点		1 分	
语言规范、发音标准、用词准确得当		1 分	
总分			
评分分档	9～10 分	优秀	
	7～8 分	良好	
	5～6 分	及格	
	0～4 分	不及格	
建议与反馈			

课后反思

1．在幼儿园实习的过程中，你是否留意到幼儿园的教师是如何处理出现事故的幼儿的？你有什么收获？

2．你会用什么样的案例活动来丰富幼儿的离园活动？

模块十 实战训练

一、填空题

1．幼儿园一日活动通常由以下环节组成，即入园、盥洗、进餐、午睡、（　　）、游戏活动、集体教学活动等，还有一些小的活动环节，如（　　）、上下楼梯等。

2．儿童的（　　）功能不完善，极易疲劳。因此，一天中幼儿需要充足的睡眠，来消除疲劳恢复精力。而午睡就是其中非常重要的一环。幼儿睡眠时能量与氧的消耗量小，（　　）增加，有利于生长发育及脑功能的发育，睡眠充足的孩子玩起来精力充沛，情绪愉快，食欲好，长得健康。

3．在一定程度上，入园活动对家园双方的心理影响：家长、老师、幼儿三方在入园时刻有良好的（　　），以愉悦的心情共同迎接新的一天，会给自己和对方以极佳的心理体验和情感满足，继而提高之后活动的效果。

二、辨析题（判断正误并说明理由）

1．幼儿园日常保教工作需要通过一日作息安排稳定下来并精准执行。

2．托、小班的幼儿在入园环节表现出的问题是依赖、任性，不愿上幼儿园。

3．户外自由活动环节的教育价值具体体现在：让幼儿了解活动中基本的安全常识和规则，能够识别危险情境和不安全行为，逐步建立积极的安全意识。

4．保护幼儿的生命和促进幼儿的健康是教师的首要工作。

三、简答题

1．简述入园活动中幼儿可以获得的体验与经验。

2．简述洗手活动中幼儿可以获得的体验与经验。

四、论述题

在中、大班阶段，幼儿的自主性发展到了关键期，学习、认知能力也大大提高。他们的自主性需求在不断提高，对于喜欢吃什么、吃多少都会有自己的主张，对于与哪些小朋友一起进餐、在哪张桌子上进餐，都有不同的心理需求。请结合你在日常工作中的经验，论述此年龄段的幼儿在进餐环节有哪些突出问题，这些问题又是怎样得以有效解决的。

第三单元

幼儿园各领域的教学实训任务

模块一　幼儿园科学领域的实训任务

一、观察认识类

实训名称

奇妙的叶子——大班科学活动。

实训目的

1. 对观察认识类科学教育活动有正确、积极的认识，还要具备相应的设计、组织和指导的基本素质。

2. 了解幼儿感兴趣的事物和科学知识，知道怎样指导幼儿进行观察认识并且表达出来。

3. 了解并掌握观察认识类科学活动的设计方法、组织和指导的原则方法。

4. 能够独立设计组织一堂观察认识类活动并做出反思。

实训注意要点

1. 科学观察的目标一定是有目的的，要包括学会探究、质疑、验证等，要让幼儿学会在观察中发现问题、解决问题。

2. 要引导幼儿运用多种感官感知事物的特征。

3. 让幼儿养成先观察再操作的探究习惯。

4. 要利用观察对象的新奇的特征激发幼儿产生观察和探究的欲望。

奇妙的叶子——大班科学活动

（一）活动目标

（1）使幼儿知道每片叶子都是不同的、都有自己的脉络、是独特的。

（2）使幼儿通过观察能够发现两片叶子的不同。

（3）使幼儿通过自己的观察发现结论，对科学观察产生兴趣，养成爱观察、爱动脑的习惯，培养自信心。

（二）活动准备

（1）幼儿已经学习过关于树叶的知识，有了一定的经验准备。

（2）关于树叶的图片（特征明显、相似）、树叶模型。

（三）活动过程

（1）导入：（组织上课）小朋友们喜不喜欢猜谜语啊？今天老师给大家带来了一个谜语，我们一起来猜一猜好不好？大家认真听哦，老师要出谜语了。（出示图片）

（2）开始：大家以前是不是都认识很多树叶呢？下面我们来一起认一认好不好？（出示比较有特征的树叶图片，帮助幼儿回忆学过的知识）

老师想问问你们，有仔细观察过叶子吗？（若有，就请几位小朋友简单回答一下）

今天老师带领大家仔细观察一下，每个人都要认真仔细地观察，看看它们有什么特点，是不是相同的。（两两一组出示相似的叶子）

现在和你身边的小朋友 6 个人一组交流你观察到的结果。（交流 1~2 分钟，之后请幼儿回答）

（四）活动总结

（组织纪律，进行总结）世界上有许多种叶子，每棵树也有很多片叶子，但是每片叶子都有自己的脉络。这些信息就是我们自己的特点，代表我们每个人都是不同的个体，是独特的。

（五）活动延伸

（1）树叶可以制作出美丽的作品，在以后的美术课和手工课一起进行制作。

（2）带领幼儿观察植物或动物的生长过程。

二、实验操作类

实训名称

影子的形成——小班科学活动设计。

实训目的

1. 正确认识实验操作类科学教育活动对幼儿的重要教育作用。
2. 知道怎样增强幼儿的动手操作能力，并能进行实践模拟，可以举一反三。
3. 能够独立完成幼儿实验操作类科学教育活动的设计。

实训注意要点

1. 要为幼儿提供充足、多样的实验操作材料，以便幼儿能自己反复操作探究并保证幼儿获得丰富的科学经验。

2. 要让幼儿通过动手操作的活动来学习科学，而不只是通过语言的讲解或观看别人的操作。

3. 引导幼儿积极主动参与活动，把实验活动变成幼儿的主动探索活动。

4. 鼓励幼儿主动提出问题，但是注意不要马上告诉幼儿答案，要和幼儿平等地共同讨论、探究问题。

影子的形成——小班科学活动设计

（一）材料准备

手电筒、小玩偶（不透明物体）、玻璃杯（透明物体）、塑料杯（半透明物体）、记录纸、笔。

（二）实验操作

1. 把3种物体放在地板上，让幼儿用手电筒分别照射，观察并记录其影子。
2. 变换手电筒的位置照射小玩偶（不透明物体），观察、记录玩偶形成的影子。
3. 手电筒不动，变化小玩偶与手电筒的距离，观察其影子大小的变化。

指导建议

（1）为了得到满意的活动效果，活动室的窗户最好用不透明窗帘遮挡住。

（2）引导幼儿分析影子形成的原因及光源位置对影子的影响。

拓展与替代

（1）有条件的幼儿园可以提供投影仪、应急灯、聚光灯等供幼儿做游戏。

（2）观察夜晚中物体的影子，并寻找光源。

（3）在户外选择物体，让幼儿画下并测量与记录该物体在一天中影子的变化。

附：

科学小知识

光在直线传播时如果被不透明物体挡住，就会在物体背面形成影子。光可完全透过透明物体，所以完全透明的物体不能形成影子；光穿过半透明的物体时会透出一部分光，形成一个半透明的影子。光照射角度不同，影子的形状、大小就会不同。物体离光源的距离不同，影子的大小也不同。

三、了解讨论类

实训名称

认识云——小班科学活动设计。

实训目的

1．具备了解讨论类活动的基本素质。

2．能够科学合理地选择适宜的活动内容，引导幼儿充分表达自己的观点和感受。

3．能够独自设计完成一次了解讨论类活动并做出反思。

实训注意要点

1．组织了解讨论类的科学活动时，避免变成灌输科学知识的活动。

2．建立能与幼儿充分对话讨论的活动氛围，不要预设结论，鼓励幼儿大胆表达自己的看法，还要培养幼儿善于倾听他人的习惯。

3．帮助、锻炼幼儿会使用多种手段表达自己的科学认识，使讨论的形式丰富多样。

认识云——小班科学活动设计

（一）活动目标

（1）认识不同气候条件下的云。

（2）在教师的引导下能够发挥想象力，并且能讨论、表达出来。

（二）活动准备

结合各种气候以及不同时候云的图片或视频。

（三）活动过程

1. 在不同的时间段观察云

（1）在晴天多云的时候，教师带领幼儿到户外观察云。请幼儿用自己的语言来形容云，教师可以用这样的提问来启发幼儿：“小朋友你看这朵云像什么？云彩真美呀，仔细看看它是不是在移动呀？”

（2）在太阳西斜的下午再带幼儿到户外观察云，请幼儿用自己的语言来描述云，也请幼儿用自己知道的颜色来形容云，教师启发幼儿和早晨看到的云比一比有什么不同。

2. 在不同的气候条件下观察云

（1）在大雨来临之前教师带领幼儿到户外观察云，观察云的颜色变化，告诉幼儿这是“乌云”。

（2）在下雨的过程中在室内观察云的变化。

（3）下完雨后观察天空的变化。

（四）活动总结

教师利用图片或视频总结关于云的知识。

（五）活动延伸

教师利用图片或视频给幼儿讲故事《云是什么》。

附：

云是什么

从前有一只麻雀，它非常喜欢听妈妈讲故事，麻雀妈妈特别爱讲云里的故事，比如五彩云里有一座仙人住的仙宫，仙宫里面住着许多仙女，小麻雀可爱听了。

小麻雀经常望着云发呆，希望有一天也能到云里和小仙女做伴。

小麻雀慢慢长大了。有一天，它看见一朵非常美丽的云，就拼命地追着飞去。飞呀，飞呀，不知飞了多久，也不知飞了多高，彩云终于被小麻雀追上了。啊！就像遇上了迷雾，小麻雀连方向也看不清了，哪儿有仙宫和仙女呀！小麻雀觉得太累了，它想在云彩上歇歇脚，可是它刚刚停止扇动翅膀，就一头栽了下来，幸好被一棵大树托住了。

小麻雀回到家里，把事情的经过告诉了妈妈，妈妈笑了：“傻孩子，你怎么把故事当真了呢，天上没有仙女，云只不过是一团水气。”

四、生活相关类

实训名称

多变的风——中班科学活动。

实训目的

1. 善于发现生活相关类活动的教育契机。
2. 能够独立完成幼儿生活相关活动的设计并做出反思。
3. 了解并掌握生活相关类活动的种类和指导方法。

实训注意要点

1. 要适时抓住机会，运用一些有目的的设问让幼儿思考、探究那些生活中发生的事件或是科学现象。

2. 要尊重幼儿在生活中的自主发现与探究，积极支持幼儿的探究行为。

多变的风——中班科学活动

（一）活动目标

（1）使幼儿通过肤觉、视觉、听觉等感官感受风。
（2）使幼儿知道制造风的方法。
（3）使幼儿体验和了解风与我们生活的联系。

（二）活动准备

准备风车、风筝、肥皂水、吸管、扇子、碎纸片、塑料袋、电风扇等。

（三）活动过程

导入：教师带领幼儿摸一摸、抓一抓四周，让幼儿体会风是看不见、摸不着的。

开始：（1）引导幼儿描述自己所理解的风。

（风是看不见、摸不着的，但是可以看见风吹的效果，风吹过来，有什么不同的感受，运用自己的眼睛、耳朵、皮肤感觉风的存在）

（2）操作活动，请幼儿思考：风是怎么来的？如果没有风，我们可以制造风吗？如何制造风？（幼儿自选材料制造风）

（3）活动后，让幼儿互相分享刚才制造风的方法，并进行比较。

（4）请幼儿想一想并互相讨论：风和我们的生活有什么关系？利用风可以进行哪些活动？

（5）总结：通过画面介绍风的功能。

（四）活动延伸

带领幼儿到户外，吹泡泡、放风筝，进行体验风的活动。

五、科学游戏类

实训名称

轱辘轱辘玩具店——小班科学活动。

实训目的

1. 了解科学游戏活动的特点、类型和教育意义。
2. 能够独立完成幼儿科学游戏类活动的设计并做出反思。
3. 让幼儿体会到科学游戏的乐趣，使幼儿喜欢进行科学探究。

实训注意要点

1. 游戏开始前要准备好利用材料，创设合适的游戏情境，这样就能有效地调动幼儿的好奇心。

2. 在介绍游戏规则时，语言要简单明了，声音要清晰响亮，并且要配以示范表演，让幼儿更加直观地理解和接受游戏活动。

3. 教师也要参与游戏，要成为游戏活动的调控者、组织者，时刻关注游戏的进展和幼儿在游戏中的表现，适时给予幼儿适当的引导和帮助。

轱辘轱辘玩具店——小班科学活动

（一）活动目标

（1）使幼儿认识各种滚动的玩具，乐意玩滚动的玩具。
（2）使幼儿愿意和小伙伴一起玩，体验玩滚动玩具的快乐。

（二）活动准备

（1）收集一些圆形、圆柱形的自制玩具。
（2）球、玩具车、彩虹伞、羽毛球拍、布、音乐、录音等。

（三）活动过程

1. 骑车入场，激发幼儿的兴趣

师：小朋友们，你们平时喜欢玩什么呀？今天，老师就带你们去一家“轱辘轱辘玩具店”，你们想不想去？骑车的时候要注意安全，一辆跟着一辆走。准备好了吗？出发……（幼儿每人骑一辆小车，一个跟着一个）

师：我们开车来得真快！“轱辘轱辘玩具店”到了，我们把车停到停车场，到老师身边来，我们走路快还是骑车快，为什么？

幼：因为车上有轮子，它会轱辘轱辘，就能很快地带我来。

2. 创设情境，让幼儿乐意玩滚动玩具

（1）快乐“车吧”，自主玩车。

师：“轱辘轱辘玩具店”漂亮吗？（听录音）小朋友们，欢迎你们来到“轱辘轱辘玩具店”。今天“轱辘轱辘玩具店”免费让你们来玩，小朋友们要遵守玩具店的规则，不能弄坏玩具，不能大声说话，玩完后的玩具要把它们送回家，能做到吗？让我们一起去参观吧！看这是什么？（车吧：放有各式各样的车）

师：看这里还有车道呢？（3 组车道：S 路、十字路、上坡路）怎么玩？谁来玩一玩？小朋友们可以选一辆自己喜欢的小车玩。

师：我们要做文明小司机，排排队，不推也不挤。

幼儿自主玩（可放轻音乐）。

提问式小结：小朋友们，车能轱辘轱辘吗？哪里轱辘轱辘？（教师启发引领幼儿回答）

（2）创意玩具，自由玩耍。

师：“轱辘轱辘玩具店”还有许多好玩的，把车送回家，我们接着参观！

师：我们再来看看这是什么。

幼：好多玩具。（快乐吧：各种自制的能够转动的玩具）

师：这些玩具是“轱辘轱辘玩具店”特有的，别的商店可没有呀！小朋友们，你们可以选一个自己喜欢的玩具玩，你们来试试他们能够轱辘轱辘吗。

师：小朋友可以交换玩一玩。

师：还能让它怎样轱辘轱辘？

小结：圆形、圆柱形的都能够轱辘轱辘。

（3）轱辘轱辘“球”吧，大家一起乐。

师：请宝宝们把玩具送回家，我们接着参观，还有更好玩的等我们呢！

师：我们再看这里有什么。

幼：这里是球。

师：想办法让球轱辘轱辘，自己去玩一玩，试一试吧！

（四）活动延伸

游戏：推推乐。

师：和小球轱辘轱辘真好玩，我好想和球做游戏呀！

师：你们看羽毛球拍怎样和小球做游戏？来让我一起推推乐。（出示羽毛球拍）

六、数学教学类

实训名称

排序——中班数学活动。

实训目的

1. 熟悉幼儿数学教育活动的各年龄阶段的具体内容。
2. 愿意积极钻研、讨论数学教育的目标、途径和方法。
3. 理解幼儿学习数学的心理特点，能够独立完成幼儿数学教学类活动设计。

实训注意要点

1. 创设贴近真实生活的有趣的问题情境，让幼儿感受到学习数学是一个轻松自然的过程。

2. 在数学教学活动中，自始至终要充分尊重、理解、期望幼儿的不同行为表现，并且要给予及时的回应。

3. 要尊重幼儿的个别差异，因材施教，使自己的引导活动适应个别差异。

排序——中班数学活动

（一）活动目的

（1）使幼儿能够发现并清楚讲述物体的排列规律。

（2）使幼儿学会按物体的特征有规律地排序。

（二）活动准备

（1）经验准备：幼儿已有初步的有规律排序的经验，观察过生活中有规律排序的物品。

（2）物质准备：头饰、大小不同的苹果卡片。

（三）活动过程

（1）游戏导入，调动幼儿对物体特征认知的前期经验。

① 说反义词。

师：今天老师带你们玩一个游戏，游戏的名字叫“说反义词”。

师：我说上（教师一边拍手一边说）

幼：我说下（幼儿一边拍手一边答）

教师分别拍手说出上、高、亮、长、大、细、最大、最高等表明物体特征的词语，让幼儿做出相反的回答。

② 蹲蹲乐。

4个幼儿分别带上大苹果、小苹果、长围巾、短围巾头饰。

教师分别出示大苹果头饰、小苹果头饰、长围巾头饰、短围巾头饰，请小朋友到前面来玩蹲蹲乐游戏。

规则：如头戴大苹果的幼儿先一边蹲一边说：“大苹果蹲，大苹果蹲，大苹果蹲完，长围巾蹲。”接下来，头戴长围巾头饰的幼儿就要接着说：“长围巾蹲，长围巾蹲，长围巾蹲完，××蹲（可以选其他戴头饰的3个小朋友蹲，大苹果、小苹果、短围巾）。”

游戏速度与角色的不断转化，引发幼儿的前期经验及游戏兴趣。

幼儿1（大苹果）：大苹果蹲，大苹果蹲，大苹果蹲完，小苹果蹲。

幼儿2（小苹果）：小苹果蹲，小苹果蹲，小苹果蹲完，长围巾蹲。

幼儿3（长围巾）：长围巾蹲，长围巾蹲，长围巾蹲完，短围巾蹲。

幼儿4（短围巾）：短围巾蹲，短围巾蹲，短围巾蹲完，长围巾蹲……

（2）幼儿分组操作活动，教师示范讲解操作材料。

① 教师出示大小不同的苹果，请幼儿描述并按教师的要求排序。

师：小朋友，你们看，这些是什么？

师：它们一样吗？哪里不一样？

师：谁能给它们从大到小排排队。（请小朋友到前面排一排）

教师引导：这些苹果还可以怎么排？

② 教师出示长短不同的围巾，请小朋友描述围巾的特征并思考可以怎样给它们排序。

（3）幼儿操作材料探索，教师注意提出操作要求、给予指导并启发幼儿。

① 请小朋友到操作区分别给苹果和围巾排排队，并说一说是怎么排的。

② 幼儿操作学具材料，教师巡回指导。鼓励能力强的幼儿大胆表达排列方法。

（4）鼓励幼儿自己排序，并说出不同的排列方式。

教师请小朋友到前面来排一排，并鼓励引导幼儿表达出自己是如何排序的、都有哪些排序方法。

（5）操作与拓展游戏。使幼儿加深理解物体间量的差异，积累排序经验。

教师出示课后练习挂图，讲明题意、操作方法及注意事项，引导幼儿做课后练习。

师：现在挂图上还有两个游戏，我们一起来玩一玩。

① 请小朋友自己按照顺序给小苹果排排队并贴一贴，然后说一说自己是怎么排的。

② 请小朋友看看图中某根绳子上的围巾是按顺序排的，并用彩笔做上标记。

游戏：排排队。

5 名幼儿手中分别拿着大小不同的苹果卡片，另一名幼儿提出指令（从我开始，按照从大到小排队），5 名幼儿根据手中苹果的大小迅速排队。

（四）活动总结

教师可请部分幼儿讲述自己活动的过程和结果，并引导幼儿进行讨论，对他们的进步给予表扬和鼓励，也可由教师提出问题引导幼儿讨论。

模块二 幼儿园语言领域的实训任务

一、学前儿童文学活动

实训名称

老虎笨笨——中班语言活动。

实训目的

1．幼儿能够愿意积极参与文学活动，喜欢欣赏文学作品，清楚常见的儿童文学体裁。

2．幼儿能够在教师的帮助下感受文学作品的美，以及对美好作品的敏感性。

3．幼儿能够理解文学作品的内容，学习用语言和其他表达方式表达自己对文学作品的理解。

4．幼儿能够根据文学作品所提供的线索进行创新、创造性想象，并且能用语言表达自己的经验好想象。

实训注意要点

1．文学活动所选用的文学作品要具备情节丰富有趣、人物活泼生动、语言通俗易懂的特点。

2．要注意培养幼儿乐于倾听的习惯并且可以听后能快速理解作品。

3．文学活动中许多情节是反映社会现实的，在组织进行时要适时对幼儿进行价值观的教育，让幼儿领会文学作品所传递的精神内涵。

老虎笨笨——中班语言活动

（一）活动目标

（1）使幼儿理解故事内容，学习保护牙齿的方法。

（2）使幼儿知道爱护牙齿的重要性。

（3）使幼儿能把自己心中的想法大胆的表述出来。

（二）活动过程

（1）导入过程：由儿歌《两只老虎》导入，提升幼儿的兴趣，吸引幼儿的注意力，再引出故事《老虎笨笨》。

师：小朋友们，这两只老虎奇怪不奇怪呀？

师：那你们认为老虎应该是什么样的？（可以先让幼儿进行简短讨论，再进行个别提问）

师：有一只老虎叫笨笨，它一颗牙齿都没有，是不是更奇怪呢？（引导幼儿有效讨论）

师：小朋友想不想知道这只老虎的牙齿为什么没有了？

好，大家听一听、看一看发生了什么事？

（2）看情境表演，理解故事内容。

① 教师利用教具生动表演。

② 可以提问，如："老虎为什么牙齿会疼？如果老虎坚持早晚刷牙会怎样？"

（3）鼓励幼儿自由交流想法。

① 启发幼儿想出各种保护牙齿的方法。

② 早晚刷牙；吃完饭后要漱口；定期到医院牙科检查；不要吃太多的糖果；睡觉前一定要保持口腔清洁。

活动延伸

（1）把幼儿分成小组进行角色表演。

（2）带领小朋友伴随音乐一起做"刷牙"律动。通过参与活动体验乐趣，鼓励幼儿跟着音乐做刷牙动作。

附：

两只老虎

两只老虎，两只老虎。
跑得快，跑得快。
一只没有眼睛，一只没有耳朵，
真奇怪，真奇怪。

没有牙齿的大老虎

大老虎的牙齿真厉害，大家都害怕老虎，只有狐狸说："我不怕，我还能把老虎的牙齿全拔掉呢。"

谁也不相信，都说狐狸吹牛。狐狸真的去找老虎了，他带了一大包礼物："啊，尊敬的大王，我给你带来了世界上最好吃的东西——糖。"糖是什么？老虎从来没有吃过，他吃了一粒奶油糖，啊哈，好吃极了。

狐狸就常常送糖来。老虎吃了一粒又一粒，连睡觉的时候也把糖含在嘴里。大老虎的好朋友狮子劝他说："糖吃得太多又不刷牙，牙齿会被蛀掉的。"大老虎正要刷牙，狐狸来了："啊，你把牙齿上的糖全刷掉了，多可惜呀。"馋嘴的老虎听了狐狸的话，不刷牙了。

过了些时候，半夜里，老虎牙痛了，痛得他捂住脸哇哇地叫……

老虎忙去找牙科医生马大夫："快，快把我的牙拔了吧！"马大夫一听要给老虎拔牙，吓得门也不敢开了。

老虎又去找牛大夫，牛大夫忙说："我，我不拔你的牙……"驴大夫更不敢拔老虎牙。老虎的脸肿起来了，痛得他直叫喊："谁把我的牙拔掉，我让他做大王。"

这时候，狐狸穿了白大衣来了："我来拔吧。"老虎谢了又谢。

从此，老虎没有了牙齿，再也吃不了东西了。

二、学前儿童阅读活动

实训名称

想吃苹果的鼠小弟——大班语言活动。

实训目的

1. 教师要提高幼儿对书面语言的兴趣。

2. 教师要帮助幼儿初步认识书面语言和口头语言的对应关系，懂得书面语言学习的重要性。

3. 教师要帮助幼儿掌握早期阅读的技能。

实训注意要点

1. 设定好阅读活动的教学目标，目标的设定要建立在幼儿下游水平和发展情况的基础上。

2. 要选择合适的早期阅读材料，营造舒适、轻松、愉悦并且有互动的阅读环境。

想吃苹果的鼠小弟——大班语言活动

（一）活动目标

（1）使幼儿能够结合图片对故事进行猜想，引导幼儿用正确的方法有序地阅读画面语言和书面语言，提高观察和阅读能力，发展口语表达能力和想象能力。

（2）激发幼儿对绘本阅读的学习兴趣。

（3）使幼儿感受鼠小弟遇事肯动脑筋、坚持不懈的精神，以及与海狮之间合作分享情感。

（二）活动准备

PPT 课件、动物图片、苹果。

（三）活动过程

（1）出示遮去书名的封面。

师：小朋友们，你们看到了什么？

教师总结幼儿的回答：一棵又高又大的苹果树，秋天到了，树上结满了又红又大的苹果。看到这些苹果，你心里会怎么想呢？噢！真想摘一个尝尝呀。

师：今天，还有一位朋友来到了这棵又高又大的苹果树下，我们一起来看看它是谁？（课件出示“鼠小弟”）

师：对了，它是一只小老鼠，它的名字叫“鼠小弟”。

师：今天鼠小弟来到又高又大的苹果树下，他在想什么呢？

师：所以今天老师给小朋友们带来的这本书的书名就叫《想吃苹果的鼠小弟》。

（2）阅读故事《想吃苹果的鼠小弟》。

① 教师引导幼儿思考鼠小弟想到了什么。

师：我们一起来看鼠小弟吃上苹果了吗！

师：在鼠小弟正在想办法的时候，发生了什么事情？

这个时候鼠小弟怎么想的呢？（要是我也有翅膀……）

师：小鸟飞走了，又来了……（幼儿看图表述）于是，鼠小弟就想……（要是我也会爬树……）

② 大象和长颈鹿来了，小老鼠模仿他们动作，让幼儿猜想会是什么动物。

师：这个时候鼠小弟又在想什么呢？（要是我也有长长的鼻子……）但是鼠小弟的鼻子不能变长，又没有吃到苹果，鼠小弟并没有放弃，这个时候他又在想什么呢？（要是我也有长长的脖子……）原来是来了一只长颈鹿，拿走了一个苹果。

③ 袋鼠和犀牛老师先告诉学生是什么动物，让幼儿猜想他们会有什么本领。

师：过了一会儿，又来了两个动物，他们是袋鼠妈妈和犀牛，他们会有什么办法或是本领吃到苹果呢？

师：对了，于是，鼠小弟就在想啊……

（要是我也能跳得这么高…… 要是我也有那么大的力气……）故事内容很简单，前面几个动物的出现是简单的重复，教师可以用不同的出现方法，使故事更充满趣味。避免了简单的重复，又不失幼儿联想的趣味。

④ 师：树上还剩下两个苹果，你猜接下来会出现什么动物呢？（让幼儿发挥想象，续写故事）

⑤ 继续讲述故事。

师：海狮有什么本领呢？

师：海狮一个人能拿到苹果吗？那怎么办呢？（体会合作的重要性）

师：鼠小弟和海狮合作拿到了树上留下的最后两个苹果，你猜鼠小弟会怎么办呢？（体会分享的快乐）他们两个拿到苹果会怎么办呢？出示最后一页。

⑥ 教师帮助幼儿完整阅读讲述一遍故事。

（3）揭示道理，小结。

① 一个人的力量是有限的，但只要我们齐心协力，通过合作我们就能做到平时一个人无法完成的事情。分享是快乐的，一个人的快乐分享给 10 个人，就会变成 10 份快乐。

② 你能说说你在平时生活中和你的朋友之间有哪些快乐合作和分享的事情吗？

③ 如果这时又来了一群小动物，他们都很想吃苹果，可是树上的苹果已经没了，你想鼠小弟会怎么做呢？

（四）活动延伸

教师组织幼儿分组进行角色表演。

三、学前儿童谈话活动

实训名称

我的好朋友——中班语言活动。

实训目的

1．教师要帮助幼儿学会倾听，逐步掌握几种倾听技能。

2．幼儿能够在教师的帮助下学会围绕一定的话题谈话，充分表达个人见解，锻炼幼儿口语表达的能力。

3．帮助幼儿学习运用语言进行交流的基本规则，提高幼儿的语言交往水平。

4．幼儿能够根据文学作品所提供的线索进行创新、创造性想象，并且能用语言表达自己的经验和想象。

实训注意要点

1．在谈话活动中，要设定一个明确的话题，把幼儿的谈话活动限定在一定的范围和方向。

2．因为谈话活动是强调交流的活动，所以进行时幼儿的交流对象范围要广，可以与相邻幼儿、同组内的幼儿或是教师等交流。

3．要为幼儿的谈话活动提供一个宽松自由的环境，不强调统一标准，鼓励幼儿大胆表达自己的见解。

我的好朋友——中班语言活动

（一）活动目标

（1）引导幼儿围绕“我的好朋友”这一话题谈话，学会用完整的语句谈论好朋友的服装、特征，以及愿意找他做好朋友的原因。学习说普通话。

（2）使幼儿学会在倾听同伴谈话中了解别人谈话的主要内容，培养理解性倾听能力。

（3）帮助幼儿轮流进行谈话，使幼儿懂得让别人把话说完，再发表自己的意见，帮助幼儿掌握谈话的规则。

活动准备

（1）平时与幼儿个别交谈，了解个人的好朋友是谁。

（2）学会唱《拉拉勾》。

（二）活动过程

（1）创设谈话情境，引出谈话话题。

教师以轻松愉快的方式引出话题：“我们每个人都有好朋友，你们有好朋友吗？你的好朋友是谁？他长什么样子？穿什么衣服？请小朋友说给别人听听。”

（2）引导幼儿围绕话题自由交谈。

要求幼儿主动向同伴介绍自己的好朋友，清楚地表达好朋友的模样和穿着。要用普通话与同伴交谈。

教师全程引导幼儿的谈话，倾听、了解幼儿说话的内容。对个别不知如何谈论好朋友模样的幼儿，教师可提些小问题加以引导，如“你的好朋友是高个子还是矮个子？长的是胖还是瘦？”等，帮助幼儿打开思路，知道应该从那些方面来描述人的模样。幼儿交谈时，教师用插话的方式，将谈话内容紧紧围绕在“好朋友”上。对个别会抢着讲话的幼儿要提出要求，让幼儿先耐心听别人说话，等别人说完自己再说。

（3）引导幼儿拓展谈话范围。

① 集体谈“好朋友”。请几名在自由交谈中能大方地谈论“好朋友”的幼儿向全班做介绍。要求幼儿清楚地说出好朋友的特点。对个别说不清楚的幼儿，教师给予提示、补充，再让其重复说一遍，帮助他们提高语言表达能力。

② 教师用提问的方式拓展谈话范围。建议提这样的问题：“你的好朋友有哪些优点？你为什么要找他做好朋友？”此时教师用自己的谈话引导幼儿的思路，幼儿根据教师提供的谈话经验，围绕话题谈论，说出自己好朋友的优点。

（三）活动总结

教师小结谈话活动情况，使幼儿懂得每个人都有自己的优点，大家要互相学习。

活动延伸

（1）绘画：我的好朋友。

（2）音乐：边跳边唱《找朋友》。

四、学前儿童讲述活动

实训名称

耳朵上的绿星星——中班语言活动。

实训目的

1．教师要培养幼儿感知、理解讲述对象的能力。

2．培养幼儿独立构思与清楚完整表达的能力。

3．帮助幼儿掌握语言交流的情绪、调节机能。

实训注意要点

1．进行讲述活动时，要准备好相关的实物、图片或手偶等凭借物。

2．幼儿进行讲述活动时要设定一个相对正式的语境，要让幼儿有过思考之后再表达看法。

3．要锻炼幼儿讲述之前想好讲述要点，因此需要先培养幼儿对讲述内容有完整的认识。

耳朵上的绿星星——中班语言活动

（一）活动目标

（1）使幼儿理解故事内容，能大胆说出说出自己看到的和想到的。

（2）使幼儿学说短句：“别摘我，别摘我，我会痛的”。

（3）使幼儿懂得爱护花草树木，培养幼儿初步的环保意识。

（二）活动准备

（1）《耳朵上的绿星》课件。

（2）小松鼠图片一幅、绿星星若干。

（3）小草一颗、玫瑰花一朵（卡纸制作的）。

（4）欢快的音乐。

（三）活动过程

（1）谈话导入，引出故事。

观察图片上有谁？它们之间会发生什么事呢？

（2）中断式讲故事，引导幼儿理解故事内容。

① 小松鼠会怎样打扮自己呢？猜一猜。

② 小松鼠看到小草是怎么想的，又是怎么做的？为什么？

③ 小松鼠看到玫瑰花是怎么想的，又是怎么做的？为什么？

④ 小松鼠心里感到怎么样，为什么？它还会不会去参加音乐会呢？

⑤ 谁跟着小松鼠？小松鼠知道吗？为什么不知道？（理解“悄悄”）他为什么要跟着小松鼠？

⑥ 观众为什么惊呆了？这是怎么回事呢？两颗绿星是哪儿来的呢？

（3）完整讲述故事，提升社会经验。

① 这是一只怎样的小松鼠？（强调爱护花草树木）如果你是小松鼠你想怎么做？

② 这是两只怎样的萤火虫？（强调乐于助人）如果你是一只萤火虫，你会怎么帮助小松鼠？

③ 引导幼儿能用流利的语言叙述故事。

（四）活动总结

教师总结故事内容及故事中小松鼠的爱护花草树木和乐于助人，倡导幼儿向小松鼠学习。

（五）活动延伸

（1）幼儿在教师的指导下，分组进行角色扮演。

（2）小松鼠想邀请小朋友们一起去参加音乐会（引导幼儿随着音乐跳舞）。

附：

耳朵上的绿星星

有一天晚上，森林里要开音乐会，小松鼠要到台上去唱歌。小松鼠想：上台表演，得打扮得美美的才行呀，怎么打扮好呢?

小松鼠来到花园里，看到绿绿的小草，她想：用小草编顶帽子，戴在头上一定很美。

小松鼠刚要去摘小草，小草叫起来：“别摘我，别摘我，我会痛的呀!”

善良的小松鼠没有摘小草，走开了。小松鼠又看到一朵玫瑰花，她想：用玫瑰花的花瓣编成一条项链，一定很美。小松鼠刚要去采玫瑰花，玫瑰花叫起来：“别采我，我会痛的呀!”

善良的小松鼠没有摘玫瑰花，走开了。

这时候，正好有两只萤火虫，躲在一片树叶底下，他们说：“绿绿的小草，是我们玩的地方；红红的玫瑰花是我们睡觉的地方。小松鼠不摘草，不采花，她真好。”

晚上，月亮出来了，小松鼠什么也没打扮，就去参加音乐会了。

森林音乐会开始了，第一个上台表演的就是小松鼠。幕布一拉开，台下所有的观众都惊呆了：小松鼠今晚真漂亮！她的两只尖尖的小耳朵上，有两颗绿茵茵的小星星！小松鼠从来没有这么漂亮过！

小松鼠的歌唱得那么好听，满天的星星都出来了，眨着眼睛静静地听。谁也没有看出来，小松鼠耳朵上的绿星星，就是两只萤火虫，连小松鼠自己也不知道。

五、学前儿童语言游戏

实训名称

奇妙的口袋——小班听说游戏。

实训目的

1．教师要帮助幼儿培养按照一定规则进行口语表达的能力。

2．教师要帮助幼儿提高积极倾听的水平。

3．教师要锻炼幼儿快速理解领悟语言规则的能力，培养幼儿在语言交往中的机智性和灵活性，迅速调动个人已有的语言经验编码的能力，以及迅速以符合规则要求的方式表达的能力。

实训注意要点

1．语言游戏活动要将游戏的趣味性和学习内容的认知性相结合。

2．语言游戏要有明确的教育目标，将教育目标内隐于游戏中，让幼儿在玩中学。

3．设计的语言游戏要有一定的游戏规则。

奇妙的口袋——小班听说游戏

（一）活动目标

（1）使幼儿在游戏中体验按指令活动的愉快。

（2）使幼儿培养幼儿注意倾听的态度和习惯。

（3）使幼儿能正确运用抱、开、摇、吹等动词，学说完整的短句。

（二）活动准备

（1）娃娃、汽车、皮球、摇铃、喇叭等若干种玩具。

（2）大袋子一个。

（三）活动过程

（1）教师边拿出口袋，边念儿歌："奇妙的口袋东西多，让我先来摸一摸。摸一摸，摸出看看是什么？"教师摸出皮球，问："这是什么？"（这是皮球）教师再拍皮球问："老师在做什么？"（老师在拍皮球）

（2）接着教师念儿歌："奇妙的口袋东西多，小朋友都来摸一摸。"当幼儿摸出玩具后，要求幼儿说出玩具的名称。

（3）每次只摸出一样玩具。

（4）教师在幼儿游戏过程中要有意引导说完整的句子。

（四）活动延伸

教师让幼儿交换自己摸出来的玩具，并且做出动作说出完整的句子。

六、学前儿童英语教育活动

实训名称

My face——小班英语教育活动。

实训目的

1．教师要培养幼儿学习英语的兴趣。

2．教师要逐步培养幼儿的英语口语交际的能力。

3．教师要培养幼儿对英语的敏感性。

4．教师要培养幼儿良好的学习习惯和其他基础技能。

实训注意要点

1．教师要遵循自然习得的原则，为幼儿创设可以与幼儿的学习和生活相适应的、宽松愉快的、能够调动幼儿多种感官共同参与活动的语言环境。

2．要遵循听、说、读、写的顺序，逐步提高幼儿的英语水平，以发展口语为主。

3．教师要允许幼儿的失误，要多次提供正确清晰的示范，让幼儿模仿，鼓励幼儿多说多做。

4．活动过程中环节之间衔接要自然流畅。

5．选材要让幼儿感兴趣、广泛，有意义。

6．要符合幼儿的已有经验水平。

My face——小班英语教育活动

（一）活动目标

（1）培养幼儿对英语的兴趣。

（2）复习用英语数数及单词 Face，学习单词 Nose、Mouth、Eye、Ear，学习用英语说出五官并能正确发音。

（3）通过游戏促进幼儿的交往能力和初步的竞争意识。

（二）活动准备

Face 课件、五官卡片、娃娃脸纸（用来粘贴五官）、音乐磁带等

（三）活动过程

（1）引出主题，用英语问候。

师：Hello,boys and girls！

幼：Hello,Miss Li！

教师和幼儿幼共同唱一首简短的英文歌。

（2）复习单词。

师：今天老师再来给小朋友变个魔术，（打开课件 Face）Look,what' s this？

幼：Its face.

师：Yes,（教师模仿 face）："I am a face,nice to see you"

幼：nice to see you too.

师：Oh,very good．Face 上都有什么呢？Who want to help me？

幼：眼睛、鼻子、嘴巴……

师：那我们一起来用英语数数看 Face 上都有几个器官吧？

幼：One,two,three…

（3）学习五官单词。

师：（放大课件上的嘴巴）What's this？

幼：嘴巴。

师：Oh,this is mouth,follow me "mouth"

幼儿看教师口型跟读，向 Mouth 打招呼"Hello mouth"。

类似学习 Nose、Eye、Ear。

师：小朋友学的可真快，鼓励鼓励自己。

幼：Good,very good.

（四）活动总结

教师带领幼儿复习本次活动学习的新单词，可以在教师用标准发音读过后，再请幼儿

跟读，并用手指出是哪个器官。

（五）活动延伸

游戏活动：娃娃的脸。

教师把娃娃脸贴在板子上，伴随着音乐让幼儿将五官图片贴到正确的位置。

模块三 幼儿园社会领域的实训任务

一、社会道德

实训名称

尊老爱老—— 中班社会活动。

实训目的

1．能够让幼儿积极主动地选择活动、参与活动，敢于表达自己的想法、情感、需求等。
2．发展幼儿的交往能力。
3．培养幼儿良好的个性品质。

实训注意要点

1．改变道德知识的灌输，注重道德情感和行为的培养。
2．关注幼儿内心的真实感受，避免评价表面化、简单化。
3．在一日活动中注重对幼儿进行品德行为教育。

尊老爱老—— 中班社会活动

（一）活动目标

（1）使幼儿知道农历的九月初九是重阳节，是我国的传统节日。
（2）使幼儿体验、理解老年人行动的困难，激发幼儿爱老人的愿望。

（二）活动准备

（1）挂图一张（图为孩子们为老人庆祝节日的画面）、拐棍、幻灯片、彩笔、手工纸等。
（2）与敬老院的工作人员事先联系好。

（三）活动过程

（1）了解九月初九重阳节
教师出示挂图提问："小朋友，请你们看一下挂图上有什么？"（爷爷、奶奶，还有小朋友）"谁来说一下他们在干什么？（小朋友们在给爷爷奶奶跳舞、唱歌，有的小朋友给爷爷端茶，有的给奶奶送水果，还有的小朋友在给爷爷奶奶捶背……）小朋友们说得真好，那你们知道今天是什么日子吗？"（重阳节）

教师小结：九月九日重阳节，也叫老人节，是爷爷、奶奶的节日，小朋友们都来给爷爷、奶奶庆祝节日。

（2）了解老人行动不方便，激发幼儿尊老爱老的愿望。

① 放映各种老年人动作的幻灯片，并提问：请小朋友看爷爷、奶奶在做什么，他们的动作和你们一样吗？为什么？

② 先请一名幼儿扮演老年人的不同动作：慢慢走路、吃力地捶背、手拄拐杖等，再请一名幼儿扮演小朋友，做一做他是怎样帮助爷爷、奶奶的：扶爷爷走路、给爷爷捶捶背等。

教师小结：爷爷、奶奶年纪大了，需要帮助，我们应该爱护他们。

（3）请幼儿说一说自己在家是怎样对待爷爷、奶奶的。

教师提问：请小朋友说一说你在家是怎样对待自己的爷爷、奶奶的。（给爷爷、奶奶倒水；给爷爷、奶奶送包子吃；扶着爷爷、奶奶走路；帮助爷爷、奶奶扫地……）

教师启发幼儿明白：老年人年纪大了，容易疲劳，也容易孤独，更需要有人去关心他们，无论什么时候，无论在什么地方，都要做一个尊老爱老的好孩子。

（4）为爷爷奶奶送礼物。

师：今天是重阳节，是爷爷、奶奶的节日，请小朋友为爷爷、奶奶准备礼物，我们一起送去，还要为爷爷、奶奶表演节目好吗？

请幼儿选择材料绘画、做手工等为爷爷、奶奶准备礼物。

（四）活动延伸

活动结束后教师和孩子们带上礼物，去敬老院给爷爷、奶奶庆祝节日，培养孩子从小热爱老人的情感。

二、社会情感

实训名称

我的朋友在哪里——小班社会活动。

实训目的

1．要重视培养幼儿对他人的关心、同情和帮助等。

2．要让幼儿懂得感恩父母，尊敬师长，尊重不同职业人们的劳动。

3．重视培养幼儿对集体、家乡的认同感和归属感，对祖国的爱与自豪感，以及对不同文化的尊重与接纳。

实训注意要点

1. 提供自由活动的机会，支持幼儿自主地选择、计划活动，鼓励他们通过多方面的努力解决问题，不轻易放弃克服困难的尝试。

2. 在日常活动中注重对幼儿进行情感教育。

3. 为每个幼儿提供表现自己长处和获得成功的机会，增强其自尊心和自信心。

我的朋友在哪里——小班社会活动

（一）活动目标

（1）通过游戏活动促进幼儿和同伴之间的交往，使幼儿体验与同伴共处的乐趣。

（2）使幼儿掌握必要的自我保护技能，知道不随便离开集体，不跟陌生人走。

（二）活动准备

（1）不同颜色的布若干块，各色布条各4个。

（2）用布条在小椅子上系成蝴蝶结，有相同颜色蝴蝶结的小椅子两两绑在一起。

（3）幼儿的手腕上或手臂上系上蝴蝶结（两个幼儿蝴蝶结的颜色相同，但分别系于腕上和手臂上）。

（4）在地上贴红色圆圈一个。

（5）大棒棒糖几根。

（三）活动过程

（1）引导幼儿根据蝴蝶结的颜色两两拉手，找到自己的小椅子坐下来，简单认识自己的朋友。

师：你的好朋友是谁呀？

幼：我的好朋友是×××。

（2）教师用彩色布蒙住脸做“躲猫猫”游戏，激发幼儿玩游戏的兴趣。

① 带领幼儿第一次玩“躲猫猫”。

师：“躲猫猫”好玩吗？

幼：好玩。

师：你们想不想玩？

幼：想。

师：请蝴蝶结系在手臂上的小朋友从椅子下面拿出布，盖在头上，到圈里来躲好；请蝴蝶结系在手腕上的小朋友先蒙住自己的眼睛，等好朋友躲好后再来找。

教师带领找的幼儿边唱自编歌曲：“我和好朋友，来玩躲猫猫，我的朋友快躲好，一会儿我们就来找，找呀找呀找呀找，朋友找到了”，边找自己的朋友。找到朋友后，拥抱朋友，表达喜悦的心情。

② 引导幼儿交换角色，再次玩“躲猫猫”的游戏。

师：找到朋友是不是很开心？

幼：是。

师：想不想再玩一次？

幼：想。

师：这次请蝴蝶结系在手腕上的小朋友到圈里来躲猫猫；蝴蝶结系在手臂上的小朋友蒙住自己的眼睛，等朋友躲好后再来找。

这时，另外一位教师用棒棒糖吸引走“躲猫猫”中的一个孩子。

教师带领找的幼儿边唱边找自己的朋友。找到朋友后，与朋友一起坐回自己的小椅子上。这时×××发现自己的朋友××不见了，急得哭起来。

（四）活动延伸

游戏：找朋友

师：××回来了，我们来庆祝一下吧，去找一个和你蝴蝶结颜色不一样的新朋友一起玩游戏吧。

幼儿两两边唱《找朋友》边游戏。

三、规则教育

实训名称

遵守规则——大班社会活动。

实训目的

1. 学会让幼儿积极主动地选择活动、参与活动，敢于表达自己的想法、情感、需求等。

2. 在共同的生活和活动中，学会以多种方式引导幼儿认识、体验基本的社会行为规则，学习自律和尊重他人。

3. 在规则教育中，能够让幼儿理解这些规则对自己和他人的积极意义。

实训注意要点

1. 教师要让幼儿进行自律性规则学习，引导幼儿增强自我约束力，为幼儿与他人能顺利进行人际交往培养正确的行为规范。

2. 教师提问的内容和方式要有目的性、对活动有助推效果。

3. 活动过程中环节之间的衔接要自然流畅。

遵守规则——大班社会活动

（一）活动目标

（1）使幼儿知道生活、游戏中有许多规则需要大家一起来遵守。

（2）使幼儿能积极参与集体讨论，共同制定游戏新规则，并尝试合作与竞赛。

（3）使幼儿喜欢游戏，感受由遵守规则带来的快乐情绪。

（二）活动准备

（1）经验准备：已会玩“谁是领头人”的游戏，认识一些常见的标记。

（2）物质准备：小铃标记若干、亮眼人头饰、帽子每位幼儿一顶；领头人分队竞赛的录像；幼儿园里遵守规则的PPT；背景音乐。

（三）活动过程

（1）游戏看谁认得快，引出规则标记。

师：昨天，我们一起认识了一些遵守规则的标记，想和它们来做游戏吗？

① 教师出示标记，请幼儿说说它表示要遵守什么规则，看谁认得快。（标记：A．向右转　B．小铃标记　C．节约用水）

② 教师出示标记，请幼儿用动作表示要遵守的规则。（标记：D．保持安静，不说话　E．慢慢走，不要跑 ）

教师小结：小朋友真厉害，都能认出这些标记。教师带领幼儿总结一遍所有标记的正确答案。

（2）导入游戏“谁是领头人”，强调遵守游戏规则。

教师带领幼儿回忆“谁是领头人”的游戏玩法及游戏中要遵守的规则。

不能告诉亮眼人谁是领头人。提问：“这里有没有适合的标记可以表示这个规则呢？”

请小朋友来找找。（幼儿在以上5个规则标记中找适合的标记贴于另一展板上）。

A．亮眼人不能先转过来，要听到铃声才能转头。（幼儿同样找出并贴上适合的标记）

B．和领头人的动作一致。提问：有适合的标记吗？（没有，教师用简笔画表示）

教师小结：原来“谁是领头人”的游戏要遵守这些规则，你们都记住了吗？

（3）幼儿进行游戏。

情况A：亮眼人找出了领头人。

师：亮眼人怎么发现他就是领头人的？

幼：领头人在变动作的时候被发现了。

师：那小朋友想一想，如果你是领头人，怎样变才不容易被发现呢？

小结：聪明的领头人在变动作时要快速才能不被发现。

幼：我看见很多小朋友都在看他。

师：那小朋友想一想，你们在看领头人做动作时，怎样看才不容易被发现呢？

小结：聪明的小朋友在看领头人做动作时会悄悄地、快速地看。

情况 B：没找出来。

师：领头人是谁呀？领头人和我们全体小朋友真厉害，都能遵守规则，没被亮眼人找出来，给自己鼓鼓掌。

（4）加入音乐，引入新规则。

① 听音乐，有节奏地做领头人的动作，并引出新规则。

师：你们喜欢玩这个游戏吗？想不想给这个游戏加点音乐，来点新的挑战？这儿就有段好听的音乐，我们先来听听。

教师做领头人，并提示幼儿跟着音乐的节奏做动作。

请幼儿来做领头人，并自然引入新规则：亮眼人要在音乐声中找出领头人。

音乐停，教师提问：如果这时候亮眼人还没找出领头人怎么办？（幼儿自由讨论）

师：你们说的办法都可以，音乐停了，没有找出领头人的亮眼人就要表演节目。（简笔画表示）

结合标记引出新规则：跟着音乐的节奏做动作（贴标记图示）；要在音乐规定的时间里找出领头人（贴标记图示）；如果音乐结束没有找出领头人，就要表演一个节目（贴标记图示）。

② 幼儿开始新规则的游戏。

情况 A 猜对，师：说说你怎么发现他就是领头人的。

师：那说明领头人的动作还要更迅速、更快哦。小朋友在看领头人时还要更隐蔽、更小心。

情况 B 猜错或猜不出来，师：音乐停了，可是还没找出来，领头人是谁啊？真能干，那亮眼人怎么办？（根据游戏的规则表演节目）

（5）结合前次游戏的情况，开展第二次游戏。

教师小结："谁是领头人"的游戏增加了音乐，制定了新规则，我们的游戏就更好玩了。

（6）亮眼人竞赛，引入新规则。

讨论，引入新规则。

师：老师发现，许多小朋友都想做亮眼人和领头人，怎么办？（多请几个）那我们就多请几个亮眼人吧，（贴亮眼人标记）但领头人能多请吗？为什么？那我们就来一个亮眼人比赛吧！（贴 PK 标记）请几个亮眼人？那我们就先请两个亮眼人。他们比什么呢？（看谁先找出领头人就获胜）你们同意吗？

结合标记引出新规则：在音乐规定的时间里，谁先找出领头人，谁就是亮眼冠军。

幼儿进行亮眼人竞赛。

师：恭喜你成为这一次的获胜者。你们有想要来挑战他吗？

多请几个亮眼人，进行第二次亮眼人竞赛。

给亮眼冠军戴上闪亮的皇冠。

教师小结：这样的比赛好玩吗？我们幼儿园×班的小朋友也特别喜欢玩这个游戏，想知道他们是怎么玩的吗？

（四）活动延伸

观看 PPT，巩固并拓展规则经验

播放 PPT，师：其实我们在幼儿园里还有很多规则需要大家一起来遵守，看！

A．下楼梯时要排好队，不推挤。

B．吃饭时要安静，还要保持桌面整洁。

C．玩好玩具，要物归原处，摆放整齐。

D．看书的时候要保持安静。

师：你们喜欢这些遵守规则的小朋友吗？

师：我们不光在幼儿园里要遵守规则，在生活中的很多地方也要遵守规则，这样，才能让我们的生活变得更快乐。

四、生活常识

实训名称

着火了，怎么办——中班社会活动。

实训目的

1．让幼儿从认识家庭、幼儿园扩展到认识周围的邻居、商店、剧院、街道、乡、镇、社会团体，以及公共设施。

2．让幼儿知道各个节日的含义，并了解我国和本民族的文化生活及风俗习惯，从而促使幼儿萌发热爱本民族热爱祖国的情感。

3．使幼儿知道春、夏、秋、冬四季的名称、主要特征和顺序。

4．使幼儿认识常见的植物、植物

5．让幼儿观察各种自然现象及其变化，初步了解它们与人的关系和人们对自然界的利用。

实训注意要点

1．对幼儿社会领域教育的培养应渗透在多种活动和一日生活的各个环节之中，要创设一个能使幼儿感受到接纳、关爱和支持的良好环境，避免单一呆板的言语说教。

2．通过幼儿认识各种日常生活用具，重点使幼儿了解社会的生活方式、社会文化技术的发展变化，而不要孤立地让幼儿只认识某一用品的名称、性质和用途。

3．要符合幼儿的已有经验水平。

着火了，怎么办——中班社会活动

（一）活动目标

（1）使幼儿了解在不同场所遇到火灾后简单的自护、自救方法，增强自我保护意识。

（2）使幼儿学习仔细观察画面，认真思考，尝试大胆讲述、辩护自己的想法。

（二）活动准备

1．经验准备：听过消防车的警报声。

2．物质准备："遇到火灾怎么办"的 Flash 动画；消防车的警报声录音，颁奖音乐；泼水、灭火器、人救火和 119 电话 4 个立体标志；用于安全知识竞赛的题卡，贴有 1 和 2 的游戏牌；游戏用的红花贴纸和选手竞争榜，安全卫士奖牌；电话两部，安全通道标志；绿、黄两种颜色的地垫。

（三）活动过程

1．导入

（1）师：欢迎来到安全训练营！我们要先训练，再比赛，谁能顺利过关，就能获得安全小卫士的奖牌。

（2）（播放消防车的警报声）师：大家听！这是什么声音？可能发生了什么事情？

（3）师：遇到火灾怎么办呢？让我们一起来看看。

2．安全知识培训：遇到火灾怎么办

（1）播放动画第一场景，关键提问：小朋友在户外发现房子着火了，怎么办？

互动环节一：出示代表答案的 4 个立体标志，幼儿选哪种答案，就坐在代表这种答案标志的垫子上。关键提问：哪种方法能更快、更安全地把火全灭掉？

互动环节二：幼儿再次做出选择。

教师小结：在户外发现有东西着火了，用水浇和用灭火器都有一定的效果，但是我们是小朋友，首先要学会保护好自己，最快、最安全的方法还是迅速拨打 119 火警电话，消防员叔叔能很快地将火扑灭，跑进火场灭火是很危险的事情，小朋友不能做哦！

（2）播放动画第二场景前半段，关键提问：油锅着火了，煤气可能会爆炸，非常危险，小朋友该怎样保护自己呢？

教师小结：遇到这种情况不能害怕、慌张，最好的保护自己的方法就是赶紧从家里跑出去，再拨打 119 火警电话报警。

（3）情景境模拟游戏：请幼儿模拟拨打 119 火警电话报警。

教师小结：请记住拨打火警电话时一定要讲清楚着火地点的正确地址，这样消防员才能迅速赶来灭火。提醒幼儿 119 火警电话不能随便拨打。

(4) 播放动画第二场景后半段，关键提问：如果跑不出去，我们应该怎样保护自己呢？

教师小结：当家里着火了，跑不出去，应先拨打火警电话，再迅速跑到离着火地点远的房间，先关好门，再打开窗户求救，最后用湿毛巾捂住口鼻蹲下等人来救。

(5) 播放动画第三场景，关键提问：哎呀！图书城着火了，小朋友怎样又快又安全地跑出去呢？

教师小结：公共场所发生火灾，不能慌，要顺着安全通道箭头指示的方向迅速跑出去。我们每到一个公共场所，首先要关注安全通道标志，它能帮助我们迅速地逃生。请小朋友找找我们所在现场的安全通道标志在哪里。

3. 游戏：安全知识竞赛

(1) 师：刚才小朋友学习了许多在火灾中怎样保护自己的知识，现在我们的安全小卫士竞赛开始啦！

(2) 教师交代玩法、规则。

玩法：教师当考官，幼儿当参赛选手，在幼儿身上贴好选手号，站在垫子外面。考官念防火知识选择题，选手作答，如果选择 1 则站到号牌 1 的垫子上，如果选择 2 则站到号牌 2 的垫子上。选择完后，考官公布正确答案，答对的选手将红花贴在竞争榜上自己的选手号下。最后谁的红花最多则获胜，给红花最多的选手颁发安全卫士奖。

规则：考官报完题后，选手不能说出答案，听到“请选择”时立即选择要站的垫子，听到考官倒数“5、4、3、2、1”之后就不能改变选择。

(3) 带领幼儿游戏。

(4) 宣布获胜者，播放颁奖音乐，颁发安全小卫士奖。

4. 防火演习

(情景：突然警报拉响) 师：小朋友，不好了，这里可能有危险，我们赶快撤离现场。

教师带领幼儿从紧急出口撤离。

附：安全知识竞赛题

A. 小朋友若在火灾现场，你是救火还是撤离？(1. 救火；2. 撤离)

教师小结：小朋友若在火灾现场，应该迅速撤离，因为小朋友还小，保护自己的生命是最重要的，灭火的事应该交给消防员等大人来处理。

B. 家中着火跑不出去了，小朋友跑到远离火的房间后要做的第一件事是什么？(1. 先关门不让烟进来；2. 先开窗户呼救)

教师小结：应该先关门，这样烟就进不来了，你才能去开窗呼救。

C. 在公共场所遇到火灾，用什么办法离开火场又快又安全？(1. 坐电梯；2. 走楼梯)。

教师小结：烟雾、高温、热气很容易涌入电梯，电梯很可能会出故障或变形而不能使用，所以走楼梯离开火场又快又安全。

五、行为习惯

实训名称

正确坐姿真精神——中班生活活动。

实训目的

1. 能帮助幼儿与其他幼儿正常交往，学会互相帮助，学会分享，懂得合作的重要。

2. 能够对幼儿加以引导，使幼儿能够做好力所能及的事情，不怕困难，有初步的责任感。

3. 能为幼儿提供自由活动的机会，支持幼儿自主地选择、计划活动，鼓励他们通过多方面的努力解决问题，不轻易放弃克服困难的尝试。

实训注意要点

1. 幼儿与成人、同伴之间的共同生活、交往、探索、游戏等，是其社会学习的重要途径。设计社会领域的教育活动时，应为幼儿提供人际间相互交往和共同活动的机会和条件，并加以指导。

2. 要认真拟定活动流程的起点和终点，考虑到活动过程中的各个环节怎样实施能让幼儿更感兴趣、更好地学习。

3. 活动选材要广泛、有意义，活动材料不要过多过杂，要能吸引幼儿。

正确坐姿真精神——中班生活活动

（一）活动目标

（1）让幼儿知道坐姿不正确对身体有害。

（2）教幼儿学会正确的坐姿，养成良好的行为习惯。

（二）活动准备

PPT 视频、好习惯宝宝贴画。

（三）活动过程

1. 活动导入

听故事提问导入：小朋友，你是怎样坐小椅子的？听故事（《爱弯腰的豆豆》）

2. 基本部分

（1）安静听故事，情境导入。

教师提问：豆豆是怎么坐小椅子的？

教师总结：豆豆不管是上课还是写字时总爱弯腰，像弯弯的香蕉，非常不好看。小朋友们在日常生活中一定要坐得直直的，这样才是神气的好宝宝。

（2）看动画并提问导入：小朋友，怎样坐小椅子才是正确的？

（3）认真看动画，启发思考，教师提出如下问题。

① 宝宝在公交车上是怎样坐椅子的？

② 小朋友们在幼儿园是怎样坐椅子的？

③ 正确的坐姿是怎样的？

（4）幼儿有疑问可再次观看动画，教师根据本班级幼儿的共性特征及个体差异，对动画进行暂停或播放，结合剧情节点，在幼儿已有经验上进行选择性互动提问教学。

教师总结：故事教会了我们正确的坐姿——双脚并拢，小手放在膝盖上，后背挺直不靠小椅子，眼睛看着教师学本领，这样才会越来越聪明。

（5）图谱演示。

教师出示两张图片并讲述图片里的故事，让幼儿判断对错并说明原因。

教师看图总结：正确的坐姿让人感觉很精神，正确的站姿也会让人看起来很神气，所以小朋友在生活中一定要保持正确的坐姿与站姿。

3. *结束部分、游戏互动*

游戏名称：木头人。

游戏准备：儿歌“山上有个木头人，不许说话不许动”。

游戏规则：幼儿保持正确的站姿与坐姿。

游戏玩法：幼儿根据教师的儿歌有节奏地走动，当教师念“木头人”时，幼儿站立；教师念“不许动”时，幼儿坐回位置。

（四）活动延伸

（1）带领幼儿唱读《弟子规》经典：“勿践阈，勿跛倚；勿箕踞，勿摇髀”。

（2）在日常生活中经常提醒幼儿保持正确的坐姿和站姿；

（3）和家长联系，习惯养成延续至家庭中落实。

六、文明礼仪

实训名称

敲门——小班社会活动。

实训目的

1. 教育幼儿爱护玩具和其他物品，爱护公物和公共环境。
2. 能帮助幼儿与其他幼儿正常交往，学会互相帮助，学会分享，懂得合作的重要。

3. 能够帮助幼儿了解风俗文化，了解社会基本道德规范、准则。

4. 教师要对幼儿加以引导，使幼儿能够用做好力所能及的事情，不怕困难，有初步的责任感。

实训注意要点

1. 言传身教，帮助促进幼儿良好的行为习惯养成

2. 活动流程步骤要清晰，在制定时要为具体实施留有余地。

3. 良好的文明礼仪是一个漫长的积累过程，需要幼儿园、家庭和社会密切合作，协调一致，因此要学会与家长及时沟通协调，以便能共同促进幼儿良好文明礼仪的形成。

敲门——小班社会活动

（一）活动目标

（1）使幼儿能愉快地参加“敲门”游戏。

（2）使幼儿能在游戏的情境中大胆和大声地学说“咚咚咚，××请开门”。

（二）活动准备

多媒体课件、小兔头饰若干。

（三）活动过程

1. 猜一猜新邻居

（1）播放多媒体课件：三座房子。（小兔家门上贴着头像，小狗家门口有肉骨头，小猴家露出一条长尾巴）

（2）关键提问：小兔家搬来了新邻居，猜猜是谁呀？

教师提示：谁长着长长的尾巴？爱吃肉骨头的是谁？

教师小结：原来，小兔的新邻居是小猴和小狗。

2. 敲门游戏

（1）小猴去做客。

① 播放多媒体课件：小猴去小兔家做客，小猴不礼貌地敲门。

② 关键提问：这是什么声音？小兔开门了吗？

怎样才能让敲门的声音变得好听？你来试着敲一敲。

③ 集体尝试敲门：把椅背当作门，试着敲一敲门。边敲门边说：“咚咚咚，咚咚咚，小兔小兔请开门。”

④ 幼儿一起来教多媒体课件中的小猴敲门。

⑤ 播放多媒体课件：小动物敲门。

教师小结：去别人家做客要有礼貌，要轻轻地、有礼貌地敲门，主人就会为你开门。

（2）小狗去做客。

① 关键提问：小狗也要去小兔家做客，可它不会敲门，怎么办？

② 幼儿交流自己的办法。（这里教师要特别关注幼儿对敲门方法的理解和表达）

③ 播放多媒体课件：小动物敲门。

教师小结：小猴和小狗都会敲门啦！它们都知道去做客时要轻轻地敲门，敲门时还要向主人说一句有礼貌的话，请主人开门。

（3）大家来敲门。

交代敲门游戏玩法。

① 两人结伴进行游戏，分别扮演小兔和客人，客人将小兔的后背当作门，玩敲门游戏。

② 游戏可交换角色多次进行。

（这里教师要特别关注幼儿玩游戏时的情绪，以及幼儿在敲门时能否说一句礼貌的话，表示请主人开门）

教师小结：你们真有礼貌，轻轻地敲门，有礼貌地说话，我们的朋友就开门了。

（4）一起去做客。

① 师：动物朋友们请我们去做客，让我们一起出发吧！

（去动物朋友家做客敲门时，要能根据不同的角色准确地称呼主人，并说一句礼貌的话，请主人开门）

② 播放多媒体课件进行互动。

③ 和朋友们一起唱唱跳跳（播放歌曲《找朋友》）。

（四）活动延伸

和幼儿一起去隔壁班做客，让幼儿想一想：一边敲门一边可以怎么说呢？

模块四　幼儿园健康领域实训任务

一、体育游戏活动

实训名称

打老狼——中班体育游戏教案。

实训目的

1．使幼儿初步掌握各类体育活动的基本方法、规则和要领。

2．帮助幼儿认识自己的身体结构及功能，帮助幼儿掌握初步的自我保护技能和安全技能。

3．在体育活动中促进幼儿认知能力、意志品质和个性的全面发展。

4．帮助促进幼儿身心正常、全面、协调发展，增强幼儿的体质。

5．帮助幼儿培养参加体育活动的兴趣和习惯。

实训注意要点

1．教师制定的游戏要以加强幼儿体质为主要目的，使幼儿的身体处于不断运动的状态。

2．教师制定的游戏的负荷要适宜，要使练习和间歇性休息相互结合。

3．教师组织的体育活动要游戏化，内容简单，灵活性强。

4．教师组织的体育活动要能吸引幼儿的注意，要富有变化和童趣。

5．要符合幼儿的已有经验水平。

打老狼——中班体育游戏教案

（一）活动目标

（1）使幼儿练习肩上挥臂投掷。

（2）使幼儿乐意与同伴一起参加投掷游戏活动。

（二）活动准备

（1）固定目标物为自制的纸箱老狼（四面贴有老狼头饰的纸箱），使幼儿与纸箱的距离分别为 1.5m、2m 和 2.5m。

（2）投掷物的重量分别为 40g、60g 和 125g 左右的纸球、沙包。

（3）兔妈妈头饰一个，小兔子头饰幼儿人手一个、蘑菇图片若干、小筐两个。

（三）活动过程

1. 出示道具，引出课题

师：今天我们来玩一个新的游戏，名字就叫“打老狼”（四面贴有老狼头饰的纸箱）。小朋友，老狼厉害吗？我们先锻炼锻炼本领吧！

2. 快乐游戏

（1）准备活动：热身运动。

听《走路》音乐做热身运动，重点活动上肢和腰部关节。

幼儿戴上小兔子的头饰跟着妈妈（教师）学本领，听音乐做动作，双手叉腰点点头、动动脖、扭扭腰、扭扭胯、开开枪、开开炮，一起去森林里采蘑菇。

（2）游戏：打老狼。

① 教师带领幼儿进入游戏场地，介绍并示范游戏玩法。

在投掷区“小路”中，双脚分开站在距离老狼 1.5m 的地方，念完儿歌“小石头，放肩上。手要使劲往前扔，看谁能够打到它”后，用手中的沙包向老狼投掷，打中老狼。

教师强调游戏的规则：必须说完儿歌后才能打老狼。

② 找能力强的幼儿和教师一起示范玩法，重点练习将投掷物经肩上方向前上方抛出。

③ 全体幼儿取石头（重量为 40g 的纸球、沙包）玩游戏，教师及时提醒并帮助幼儿遵守游戏规则。

④ 老狼跑远了，把距离增加到 2m 和 2.5m，加大难度再分次游戏。

⑤ 幼儿换成重量为 60g 和 125g 左右的纸球、沙包继续打老狼。

3. 放松活动

师：小兔子们，大灰狼都被我们打跑了，我们互相庆贺。幼儿互相敲肩、敲背，活动手脚，结束游戏。

（四）活动延伸

活动结束后，教师请幼儿一起来帮助收拾和搬运活动材料。

二、心理健康教育活动

实训名称

微笑的魅力——大班心理健康教育活动。

实训目的

1. 帮助幼儿形成积极健康的自我意识和社会意识，使其能积极盥洗周围的各种事物和现象，能正确认识自己与周围世界各种事物、现象之间的关系。

2. 帮助幼儿培养良好的情绪情感，学会表达和控制自己的情感，能和同伴之间友好相处，能听取父母及教师的教导。

3. 帮助幼儿及时矫正心理问题，了解必要的心理健康知识，学会保护自己。

4. 提高幼儿的自理能力、学习能力，使幼儿养成良好的卫生习惯。

实训注意要点

1. 教师在幼儿心理健康教育过程中既要重视幼儿心理发展的社会化，帮助幼儿由自然人成长为社会人，又要重视幼儿的个性化发展，教师通过多样化的活动促进幼儿的个性化发展。

2. 教师应该遵循理论与实践相结合的原则，不仅要从幼儿内在思想上入手进行认知教育，还应该从幼儿的外在行为上入手，对幼儿进行行为上的训练，这样才能有效促进幼儿良好心理品质的形成与发展。

3. 教师和家长的心理素质都要提高，不要在幼儿面前宣泄不良情绪。

4. 教师要尊重每个幼儿，不要随意下结论。即使幼儿患有某些方面的心理疾病，教师也应该尊重并保护其隐私，为其提供正常的交往环境。

5. 教师要善于观察，熟悉每个幼儿的个性特点及表达方式，及时发现问题，适时帮助幼儿疏导情绪。

微笑的魅力——大班心理健康教育活动

（一）活动目标

（1）使幼儿了解心情和人面部表情的关系，理解微笑的魅力。

（2）使幼儿学习控制自己的情绪，能够关注他人的情绪，用微笑感染他人。

（3）使幼儿仿编诗歌，发展幼儿的想象力、创造力及语言表达能力。

（二）活动准备

1. 知识经验准备

使幼儿知道一年四季中春天是花开最多、最艳的季节。

2. 物质准备

诗歌挂图一张，录音机，歌曲《歌声与微笑》，难过和微笑的图片各一张，小镜子每人一个，绘画材料若干。

3. 环境准备

微笑展：收集不同人或小动物微笑的图片，每个幼儿从家庭的相册里选出自己家庭成员的最佳微笑照片。

（三）教学重点

使幼儿了解心情和人面部表情的关系，理解微笑有让人美丽和被人喜欢的魅力，学会关注他人的情绪，萌发关心他人，愿为好朋友带来快乐的美好情感。

（四）教学难点

让幼儿能真正理解微笑的实际意义，在不高兴、不开心的时候学会调节自己的情绪和心情，学会用微笑感染别人。

（五）活动过程

1. 看微笑

（1）播放歌曲《歌声与微笑》，在歌声中让幼儿参观微笑图片展，引出课题。

师：小朋友一起搜集了许多微笑的图片，有小朋友的爸爸、妈妈的，还有小朋友自己的，现在请小朋友一起去看一下这些图片，好吗？

提问：刚才小朋友们参观了微笑图片展，看了之后有什么感觉？你看了这些微笑的图片心情是怎样的？（引导幼儿说出看了后很开心，看了微笑的图片心里很舒服，微笑的人很美丽，让幼儿感知微笑的美丽和魅力）

教师依次出示难过和微笑的图片，引导幼儿分别说出看了图片后的感受，通过对比让幼儿进一步感知微笑的魅力。

（2）教师小结：当一个人心情不好或者难过时就会露出痛苦的表情，让人看了很难受，心情也会被感染。当你开心的时候就会露出可爱美丽的具有魅力的微笑，让人看了后感觉很舒服。所以当我们不开心的时候要想一些开心的事情，让自己开心起来。这样，你自己快乐，你身边的人也会和你一起开心，大家就可以和你一起分享快乐。

2. 听微笑

（1）师：我这里有一首赞美微笑的诗歌，小朋友想欣赏一下吗？

教师朗诵诗歌：

当微笑写在脸上，
脸就显得特别漂亮，
好像花朵开在春天里。
当微笑藏在心底，
心里就充满了欢喜，
好像春天开满的花朵。

教师提问：诗歌里是怎样说微笑的？微笑写在脸上像什么？微笑藏在心底像什么？为什么诗里把微笑比喻成春天的花朵？

（2）教师引导幼儿讨论：因为微笑让人感觉很美，春天的花是一年中最多、最艳、最美的……

3. 谈微笑

（1）教师出示诗歌挂图，帮助幼儿理解诗歌大意。

① 是什么让脸显得特别漂亮？好像什么？

② 是什么让心里充满欢喜？好像什么？

③ 怎样把微笑留住？

（2）教师引导幼儿讨论得出结论：和身边的人友好相处，互相帮助，身边的人快乐，自己也会很开心；每个人开心的时候才会有微笑，每个人要始终用开心的心态去面对别人和所有的事情，那样就会把微笑永远留住……

4. 画微笑

师：小朋友们都喜欢微笑，因为微笑能让人美丽。那么我们微笑时是什么样子的呢？让我们一起来看一看吧。

（1）让幼儿每人拿一面小镜子，教师引导幼儿照着镜子做出不同的表情，并让幼儿说说每种表情当时的心情，说出自己最喜欢的表情是什么。

（2）鼓励幼儿画出自己最喜欢的微笑表情，让幼儿进一步感受微笑的美丽和魅力。

5. 结束部分

教师和幼儿一起演唱歌曲《歌声与微笑》。

（六）活动总结

微笑很神奇，它能让人美丽，让人的心情舒畅,能让身边的人感到快乐，也能让一些不开心的事情悄悄地从身边走开。微笑这么好，对我们每个人来说都十分重要。那么，我们怎样把微笑留住呢？我们要和身边的人友好相处，互相关心、互相帮助，这样你开心了，你身边的人也就会更快乐。所以当我们不开心的时候要想一些开心的事情调整自己，让自己开心起来，让我们用微笑面对一切，这样，你快乐，我快乐，大家都快乐。

（七）活动延伸

（1）生成美工课，制作微笑脸谱。

（2）将诗歌挂图挂在活动区让幼儿欣赏，继续仿编。

（3）让幼儿用图画的形式记录自己创编的诗歌。

三、认识身体

实训名称

小手真能干——小班健康活动。

实训目的

1．帮助幼儿了解主要器官的名称、形态、结构与功能。

2．帮助幼儿学会保护身体的正确基本方法。

3．帮助幼儿逐步树立关心、保护身体健康的意识和良好习惯。

实训注意要点

1．教师要掌握、积累丰富的、正确的人体相关知识和学前卫生学知识。

2．教师要善于挖掘并合理利用日常生活中的教育素材。

3．因为涉及幼儿身体生长发育的内容略微枯燥，教师在组织教育活动时要注意使用生动有效的方式激发幼儿的学习兴趣。

小手真能干——小班健康活动

（一）活动目标

（1）使幼儿喜爱自己的小手，喜欢做小手的游戏。

（2）使幼儿认识小手，知道保护自己的小手。

（3）使幼儿学习小手的安全保健常识。

（二）活动重难点

重点：使幼儿认识小手，知道保护自己的小手。

难点：使幼儿初步掌握保护小手的方法。

（三）活动准备

PPT、小手图片、保护小手图片。

（四）活动过程

（1）律动“小手爬”引出活动。教师带领幼儿随音乐做小手在身体上爬的动作，感受小手的活动。

（2）引导幼儿通过多种形式了解自己的小手，知道保护小手。

① 认识小手，喜爱自己的小手。

教师出示 PPT。

教师带领幼儿观察自己的小手，通过观察、感知和描述，让幼儿知道小手上有手指、指甲盖、手心、手背等。

教师小结：我们的手上有 5 根手指头，有手心和手背，还有手指甲。

② 让幼儿了解小手的本领，懂得要保护自己的小手。

师：我们的小手有什么本领呢？（穿衣服、翻画书、画画、吃饭……）

③ 游戏：挠痒痒。

师：小手还会做好多好玩的游戏呢！我们一起来挠挠自己的手心，再挠挠旁边小朋友的手心，有什么感觉？（痒痒的、真好玩、很开心……）

教师小结：我们的小手真能干，不仅可以做游戏，还可以敲电脑、拿东西、握笔、看书、玩玩具、弹钢琴、做舞蹈动作……

（3）学习小手的安全保健常识，掌握保护小手的方法。

师：我们的小手这么能干，那怎么保护小手呢？

① 看图片，了解小手的安全保健知识。

教师带领幼儿逐幅观察图片，并让幼儿说说每幅图在干什么，这样做对不对，为什么（不）能这样做。

教师小结：我们的小手要保护好，不吸手指头，不啃指甲盖，要经常洗手，剪指甲，天气冷了要涂护手霜、戴手套，不随便将小手伸到门缝或者洞洞里，不玩小刀，不碰烫的危险的东西，保护小手。

② 学洗手，感知体验保护小手的方法。

师：我们玩过游戏以后要把小手洗干净，怎么洗呢？

教师出示洗手步骤图，边说边请幼儿演示。

师：我们都知道怎么洗手了，下面，请到的小朋友用刚才我们说的方法去洗洗你的小手。

教师轮流请幼儿洗手。

四、饮食进餐习惯

实训名称

不乱吃东西——幼儿园中班健康活动。

实训目的

1．帮助幼儿了解常见食物的名称、种类及特点，了解不同食物的营养，懂得均衡营养。

2．培养幼儿形成良好的饮食习惯和独立良好的进餐习惯，纠正挑食、偏食等不良饮食习惯。

3．教会幼儿正确使用餐具的方法。

4．防治幼儿营养不良，促进其生长发育和身心健康发展。

实训注意要点

1．教师应针对幼儿进餐的情况，及时有效地进行饮食与营养教育，尤其对饮食习惯不好或体质较差的幼儿，要进行个别教育。

2．教师要为幼儿营造一个整洁、温馨、宽松的就餐环境，这有助于调动幼儿进餐的积极性和主动性。

3．教师的饮食营养教育必须针对幼儿当前出现的问题，教师有针对性地选择教育重点。

4．幼儿园与家庭全方位地密切配合才能确保幼儿获得最佳的教育效果。

不乱吃东西——幼儿园中班健康活动

（一）活动目标

（1）通过观看情景表演，使幼儿知道乱吃东西的危害。

（2）使幼儿愿意用简单的语言大胆交流乱吃东西的危害，提高自我保护意识。

（二）活动准备

故事《肚子疼的冬冬》、食物图片。

（三）活动过程

1．听故事《肚子疼的冬冬》

一天，妈妈从幼儿园接东东回家，东东非要买烤肠吃，妈妈只好给东东买了两根。东东马上吃了。东东回到家，看见篮子里有许多草莓，抓起来就吃。妈妈说：？东东，等洗干净了再吃。”“我不怕脏。”冬冬吃了很多。夜里，不知道为什么冬冬的肚子疼得不得了。

教师提问：冬冬吃了些什么东西？（烤肠、草莓）这么多的东西吃下去后，肚子会有什么感觉？（很疼）如果你是冬冬，应该这样做呢？（少吃点、不吃不干净的东西）

教师小结：好吃的东西虽然味道很好，小朋友一直想吃，但是为了保护我们的肚子，不能吃得太多，而且没洗干净的食物不能吃，一定要洗干净。

2．交流讨论：哪些东西不能吃

（1）放假了，天气很热，我们应该吃些什么，要少吃或者不能吃什么东西？（多吃蔬菜和水果、多喝水，少吃冷饮、饮料、垃圾食品）

（2）马路上，香喷喷的羊肉串、烤鸡翅真诱人，怎么办？（少吃点、不要吃）

（3）吃鱼的时候要注意什么？（小心鱼刺卡住喉咙）

（4）观看图片：这些东西为什么不能吃？

① 老鼠、苍蝇叮咬过的食物。

② 过期的食品。

③ 腐烂变质的食物。

④ 没洗干净的食物。

教师小结：大街上烧烤的东西特别不卫生，不能吃。老鼠、苍蝇叮咬过不能吃。吃水果之前一定要洗干净。买食物要看保质期。吃鱼要将鱼刺剔干净，一旦鱼刺卡住了，我们不要哭，哭了鱼刺就陷得越深，要告诉大人或教师，直接去医院就诊。

3. 游戏：对与错

把药带进幼儿园吃、用嘴巴不停地吸果冻吃、把玻璃球放在嘴里玩……

哪些是不对的行为？可以这样做吗？

教师小结：这些行为都太危险了，容易发生受伤的事件，小朋友不能乱吃东西，这样会让我们生病。小朋友要好好保护自己的身体，注意饮食安全，吃干净、卫生的食物。

五、安全教育

实训名称

不跟陌生人走——幼儿园小班健康活动。

实训目的

1. 帮助幼儿了解关于保护安全和促进健康的基本知识。
2. 教幼儿认识常见的安全标志，遵守交通规则，初步形成自我保护意识。
3. 帮助幼儿了解如何面对和处理意外事故和伤害的常识
4. 教幼儿学习避开活动中可能会出现的危险因素。

实训注意要点

1. 要定期检查和维护幼儿园的配套设备、活动用具，及时处理有问题的物品
2. 教师要注重教育的经常性，应结合幼儿在活动中出现的问题，适时、及时地提醒幼儿，为幼儿提供合理必要的安全教育。
3. 对幼儿的安全教育应该利用一切可利用的资源随时随地进行。

不跟陌生人走——幼儿园小班健康活动

（一）活动目标

（1）使幼儿知道没有亲人在场时，不接受陌生人的东西，不跟陌生人走。

（2）使幼儿提高自我保护的意识和能力。

（二）活动准备

课件、图片。

（三）活动过程

通过情景体验，引导幼儿不接受陌生人的东西，不跟陌生人走。

1. 开始部分

教师与幼儿随着音乐一起游戏，教师借故离开，引出情景体验。

教师提问：孩子们，你们想看动画片吗？李老师忘记带光盘了，你们等一会儿，我去拿。

2. 基本部分

（1）初次情景体验，引发思考。

① 情景体验：教师借故离开教室，让一位伙房阿姨扮演陌生人出场。

陌生人：我是李老师的朋友，我带你们出去玩。我这里有好多好吃的和玩具，你们想不想走？想要好吃的和好玩的小朋友排队跟我走吧。

② 教师在外观察幼儿，当幼儿即将离开教室与陌生人走时，马上出现。陌生人随即离开。

教师提问：孩子们，你们要去哪里？和谁去呀？你们认识那个阿姨吗？阿姨跟你们说了什么？

教师帮助幼儿理解什么是“陌生人”。

③ 通过提问，引导幼儿说说为什么不能跟陌生人走。

（2）通过观看两段课件视频和做游戏，建构经验。

① 观看第一段视频。

教师提问：电视中的大姐姐遇到陌生人给好吃的、好玩的玩具时是怎么做的？

教师引导幼儿一起学一学大姐姐说的话和做的动作，帮助幼儿梳理不接受陌生人的东西、不跟陌生人走的方法。

② 游戏：教师扮演陌生人给孩子们玩具和糖，看看孩子们是怎样做的。

③ 观看第二段视频。

教师提问：电视中的小姐姐和小哥哥遇到陌生人给糖，谁做得对？

教师进一步帮助幼儿提升不跟陌生人走、不吃陌生人给的东西的经验。

（3）再次体验情景，提升经验。

① 情景体验，教师再次借故离开教室，陌生人出场，教师在外观察幼儿的反应。

② 教师适时出现，给予提醒、指导。

③ 活动结束，让幼儿感受安全的重要性。

师：小朋友真棒呀，你们知道了不接受陌生人的东西、不跟陌生人走是最安全的。现在李老师带你们一起去外面玩吧。

在音乐的伴奏下，教师带孩子们排队出去玩。

模块五 幼儿园艺术领域的实训任务

一、音乐类

实训目的

1．了解幼儿园的音乐教育活动设计与实施要遵循幼儿身心发展的特点，还要以学前儿童基本素质全面发展为中心。

2．学会如何能让幼儿感受音乐作品的美和音乐教育活动的快乐，并能提高幼儿的音乐素养和音乐审美能力。

3．学会如何让幼儿通过多种感官感受不同风格的音乐作品，用不同的形式大胆表现自己的情感和体验，能用自己喜欢的方式进行艺术表现活动。

实训注意要点

1．在音乐活动中，教师应培养幼儿注意倾听自己和他人歌声的习惯，以及与其他幼儿良好合作的意识。

2．教师要注意培养幼儿保护嗓子的意识。

3．在音乐活动的选材上，要富有多样性和童趣，所选择的歌曲应该考虑歌词和曲调两个方面。

4．活动中学习的相关乐理知识和技巧要反复练习。

（一）歌唱活动

实训名称

跟着老师一起唱——幼儿园小班音乐活动。

实训目的

1．学会培养幼儿对音乐活动的积极态度，以及幼儿对音乐作品的兴趣爱好。

2．理解幼儿园歌唱活动的内容及目标。

3．掌握歌唱活动时需要掌握的内容、材料的选择要求及设计的一般环节和步骤。

跟着老师一起唱——幼儿园小班音乐活动

1. 活动目标

（1）使幼儿能仔细倾听录音，并跟随录音一起唱歌。

（2）使幼儿体验与录音中的教师互动的乐趣。

2. 活动准备

（1）选择幼儿熟悉的歌曲，如《我爱我的小动物》，教师在钢琴伴奏下演唱歌曲，录制成音频资料，保存于U盘中。

（2）录制活动中的教师提示语。

音乐开始前的提示语：咩咩咩，谁来了？（停顿，给幼儿时间回答）请小羊宝宝们做好准备，我们一起来唱《我爱我的小动物》。

幼儿倾听教师播放的录音，了解歌曲内容，在提示语的带领下跟随录音演唱歌曲，并尝试边唱歌边做动作，表现歌曲的内容。

3. 指导要点

（1）在活动初期，幼儿可能没有倾听提示语的意识，教师可提醒幼儿注意倾听，并做好演唱准备。

（2）在刚开始播放音乐时，幼儿可能会只听不唱，教师要给幼儿时间充分感受，不急于要求幼儿跟随录音演唱。

（3）幼儿刚开始可能会不注意倾听歌曲的节奏，也可能因为对歌曲节奏不熟悉而无法与录音合拍。教师要允许幼儿有一个逐步熟悉歌曲的过程，先鼓励他们自在地唱出声，再逐步提醒或带动幼儿仔细倾听音乐的节奏，跟着录音一起唱。

（4）刚开始引导幼儿边唱边做动作时，教师可用歌词中唱到的小动物的典型动作带动幼儿一起做。一旦幼儿被带动起来，教师就可以停止演示，静观幼儿表演。

小贴士

1. 可使用手机录音软件、录音笔等录制音频资料。可将提示语和歌曲录制成一个完整的文件保存在U盘中。后期，随着音频资料的增加，如果想将三四个音乐作品连接成为一组播放顺序固定的音乐区活动素材，可利用软件程序对音频进行编辑。

2. 在幼儿对活动内容和形式逐渐熟悉后，教师可在数码播放器的“播放”键上贴绿色标记，在“停止”键上贴红色标记，引导幼儿自主播放音频资料。

（二）学习节奏

实训名称

“节奏我来拍”活动设计——幼儿园中班音乐活动。

实训目的

1．学会培养幼儿对音乐活动的积极态度，以及对音乐作品的兴趣爱好的方法。

2．了解幼儿需要理解哪些节奏类型，并且掌握指导方法。

3．知道幼儿学习节奏时需要掌握的内容、活动材料的选择要求及设计的一般环节和步骤。

“节奏我来拍”活动设计——幼儿园中班音乐活动

1．活动目标

（1）使幼儿感受固定节奏型×××××，听辨节奏型和乐句。

（2）使幼儿能用拍手、踏脚等身体动作表现基本节奏型，尝试用自制乐器敲击基本节奏型。

（3）使幼儿喜欢参与打节奏的活动，体验活动带来的快乐。

2．活动准备

CD 播放器，矿泉水瓶若干，大玩具筐 1—2 个。

3．活动过程

（1）节奏模仿游戏，引发幼儿对节奏的关注和兴趣。

师：小朋友们好，今天李老师来和小朋友们一起做游戏。首先我们要来玩一个“我来做，你来学”的游戏。老师做动作，你们来模仿。小朋友们要认真看哦。

①××××　②×××××××　③×××××

教师总结：小朋友们真棒，观察得很认真。刚才我们用手拍出的是不同的节奏型。

（2）节奏型×××××的感受和体验。

① 播放音乐，幼儿发现并感受节奏型×××××。

师：今天李老师给小朋友们带来了一段音乐，请小朋友们认真听，找一找音乐中的节奏是怎样的。

② 再次播放音乐，师生共同感受和体验节奏型×××××。

师：小朋友们都很认真地听音乐，已经发现了音乐中的节奏，下面请小朋友们和老师一起跟着音乐拍出节奏，李老师看看哪位小朋友听音乐最认真，拍节奏最准确。

③ 教师总结：小朋友们找得真准，这段音乐的节奏是什么样的啊？我们一起来拍，×××××。

（3）通过身体动作表现音乐中的节奏型×××××。

① 启发幼儿通过身体动作表现音乐中的节奏型×××××。

师：小朋友们节奏拍得又准确又整齐，老师真喜欢你们。刚才我们用拍手的方式表现了音乐中的节奏型，李老师想请小朋友们想一想我们可不可以用身体的其他部位（做动作或者发出声音）来表现×××××这个节奏型呢？

② 幼儿尝试，教师指导，启发幼儿按自己的意愿用身体动作（大肌肉群动作）表现节奏型。

师：你想用身体的哪个部位表现节奏？请你来试一试。（个别指导）

师：我们可不可以用手拍拍身体的其他部位来表现节奏呢？

师：小朋友们想一想我们的身体除了手之外还有哪些部位呢？用脚可以怎样表现节奏？

③ 播放音乐，幼儿用动作表现节奏。

教师引导幼儿跟着音乐用身体的不同部位来表现音乐的节奏，用身体动作来表现节奏。观察幼儿，请幼儿示范。教师随机指导。

教师还可以找个别动作有创意或是表现节奏很准确的幼儿，给大家做示范。

④ 再次播放音乐，幼儿用动作表现节奏。

若第一遍效果好，教师鼓励幼儿伴随音乐换一种动作再来一遍。

若第一遍效果不好，发现有的幼儿在音乐开始的时候还没有想好做什么动作，没有跟上音乐的节奏，可以引导幼儿仔细听音乐再来一遍，用准确的动作表现音乐的节奏。

⑤ 进一步启发幼儿利用小肌肉群（手指、嘴巴、鼻子等）的动作来表现节奏型。

教师可表扬用身体动作准确地表现出音乐节奏的幼儿，引导幼儿思考：除了之前的动作之外，还可以用哪些身体部位来表现节奏？

⑥ 再次播放音乐，引导幼儿随音乐用自己喜欢的动作表现节奏型×××××。

教师总结：小朋友们，刚才我们用不同的身体部位表现出了音乐的节奏，其实我们还可以利用身边的很多物品来表现音乐节奏，如敲击小盘子、小杯子、小瓶子都能表现出音乐的节奏。

（4）用生活中的常见物品表现固定节奏型。

① 出示塑料瓶。教师给每位小朋友分配两个塑料瓶，把塑料瓶当成小乐器来演奏。

② 请小朋友们取塑料瓶。

③ 鼓励幼儿尝试用塑料瓶敲击节奏型×××××。教师观察幼儿的表现，找幼儿做示范。

④ 播放音乐，幼儿用塑料瓶敲击×××××为音乐伴奏。

4. 活动总结

师：小朋友们，今天我们真快乐啊，不仅发现了音乐里面的节奏，还学会了用身体表现这个节奏型，也能用塑料瓶敲出这个节奏型，老师希望小朋友们以后听音乐的时候都能认真仔细地听，发现音乐中的节奏。我们可以用身体做动作来表现节奏，也可以敲击身边常见的物品来表现节奏，表达我们内心的快乐。最后，我们一起跟着音乐节奏敲击塑料瓶，走出教室吧。（教师带领幼儿随音乐敲击塑料瓶，边打节奏边走出活动室）

（三）乐器演奏

实训名称

开始、停止与声音的大小——幼儿园中班音乐活动。

实训目的

1．学会如何培养幼儿对音乐活动的积极态度，以及对音乐作品的兴趣爱好。

2．了解幼儿学习常见乐器的能力发展的特点。

3．知道幼儿学习常见乐器时需要掌握的内容、活动材料的选择要求及设计的一般环节和步骤。

开始、停止与声音的大小——幼儿园中班音乐活动

1．活动目标

（1）使幼儿接触打击乐器，感受用身体动作表示声音的开始与停止、分辨音量的大小变化。

（2）使幼儿在集体活动中体验“指挥”和“演奏者”不同的角色。

2．活动准备

铃鼓、沙球、三角铁、木鱼、蛙鸣筒等乐器。

3．活动过程

（1）由幼儿自己去挑选一样打击乐器，看看怎样能让它们发出声音，教师不时提醒幼儿：还有什么方式可以让乐器发出声音呢？幼儿也会从同伴那里受到启发，还可以试试其他乐器能发出什么声音。

（2）每人手拿一件乐器围成一个圆圈，教师带领大家，用双手伸出手掌向上表示“开始”，每个人拿自己的乐器发出声音，将双手背到身后表示“停止”，都不能再发出声音来。反复练习几次，幼儿可能还不能马上做出正确反应，教师可以用眼神和语言暗示幼儿什么时候该敲响，什么时候该停止。

（3）教师请其中一位拿着铃鼓的幼儿来当指挥做“开始”和“停止”，幼儿自己也可以发明新的指挥动作表示“开始”和“停止”，做完一次后幼儿把铃鼓轻轻放在右手边同伴的前面，大家也跟着把自己的乐 器放在右边同伴的前面。

（4）拿到铃鼓的幼儿作为新的指挥来带领大家演奏，每个幼儿都可以接触到不同的乐器，也可以体验到指挥的乐趣。

（5）教师还可以让幼儿演奏大和小的声音，双手高举表示“大”，手指按在嘴边表示“小”。还可以让幼儿按照音色分组来演奏，左手代表一个音色组，右手代表一个音色组，多练习几次，可以培养幼儿看指挥演奏和控制演奏音量的习惯。

（四）音乐欣赏

实训名称

爱我，你就抱抱我！——幼儿园小班音乐欣赏活动。

实训目的

1．学会如何培养幼儿对音乐活动的积极态度，以及对音乐作品的兴趣爱好。

2．了解幼儿对音乐作品欣赏的发展特点。

3．知道幼儿欣赏音乐作品时需要掌握的内容、活动材料的选择要求及设计的一般环节和步骤。

爱我，你就抱抱我——幼儿园小班音乐欣赏活动

1．活动目标

（1）使幼儿初步感受歌曲轻快、跳跃的旋律，尝试用简单的身体动作表现歌曲中“陪我、亲我、夸我、抱我”的动作。

（2）使幼儿乐于参与音乐欣赏活动，体验被亲人疼爱和关心的幸福感受。

2．活动准备

（1）《爱我，你就抱抱我》PPT 课件。

（2）人手一个玩具娃娃，放玩具的椅袋（自带玩具预先放进椅袋里）。

3．活动过程

（1）情境导入。

教师播放 PPT 中歌曲的前奏（序），引导幼儿仔细倾听，初步激发幼儿体验“爱”的情感。

教师出示 PPT 中第一张宝宝的照片。

师：小朋友，这是谁？

幼：“小宝宝。”

师：听一听，这个小宝宝说了什么？

问题重现：小宝宝说了什么？

幼儿自由回答。

教师总结：哦，原来这个小宝宝想得到爸爸、妈妈很多很多的爱！

评析：这样的导入是情感的初步体验，同时也是了解整首歌曲的前奏部分所讲述的内容。

（2）完整欣赏音乐，初步感受歌曲温馨、甜蜜的意境。

师：那么，现在就让我们一起来欣赏一首歌曲。

师：听了这首歌曲你心里感觉怎么样？

幼：感觉很开心、很快乐……（引导幼儿说“很幸福”）

教师总结：这首歌听起来是慢慢的，还是快快的？快快的，听了以后很开心，很高兴。

教师设置情境：现在我们一边听音乐一边想一想，爸爸、妈妈是怎样陪陪我、亲亲我、

夸夸我、抱抱我的？（播放A段，引出下一重点环节——说的部分）

（3）分段欣赏音乐，进一步感受歌曲轻快、跳跃的旋律。

① 欣赏说的部分。

师：小朋友，你听到歌曲里是怎么说的呢？

（幼儿大胆地回答，教师根据回答出示相应动作图片并同步清唱歌曲；如幼儿回答不出，教师可直接播放图片及音乐，引导幼儿说出）

师：你们的耳朵真灵，都听出了宝宝喜欢爸爸、妈妈陪陪、亲亲、夸夸、抱抱。你喜不喜欢被爸爸、妈妈陪陪、亲亲、夸夸、抱抱的感觉？

幼：喜欢！

师：那么今天，我来做你们的妈妈，你们做我可爱的宝宝好不好？宝宝要怎么对我说？

幼（大胆回答）：爱我你就××我。

将第一个回答出的孩子请上前。

师：这个宝宝说“爱我你就××我”，那么我就××你。（伴奏，教师一定要做出温馨的动作，让孩子有充分的情感体验）

师：其他宝宝也来说说，“爱我你就××我”。女宝宝先来吧。（女幼儿围着教师说，教师就做××动作）男宝宝也来说说。（男幼儿围着教师说，教师就做××动作，伴奏）

教师小结：妈妈×着你们好幸福啊！

教师提问：宝宝还可以对我说什么”（可以用开火车形式逐一进行，伴奏）

② 欣赏唱的部分。

师：小朋友，刚才我做你们的妈妈陪陪你、亲亲你、夸夸你、抱抱你，你觉得幸福吗？

师：现在你们来做爸爸、妈妈，你们也有自己的宝宝，请你把宝宝轻轻地抱起来，让他睡在你的臂弯里。（教师边提要求边示范）多舒服呀！来，让我们和小宝宝一起听一听歌曲里唱了什么？

幼儿倾听唱的部分，感受唱段鲜明的节奏旋律。

师：你们想当爸爸、妈妈吗？

师：男孩子，你可是小宝宝的爸爸哦；女孩子，你可是小宝宝的妈妈哦。你们一定要爱护自己的宝宝，保护好你的宝宝！我们一起听着音乐来和宝宝跳舞吧！

逐一类推，教师及时捕捉幼儿中各种陪、亲、夸、抱的动作。（和娃娃互动一遍）

师：和宝宝跳舞开心吗？想不想再和宝宝完整地跳一遍？

（4）完整欣赏歌曲，引导幼儿完整倾听并乐于尝试用动作表现歌曲。

师：这首歌曲的名字叫《爱我，你就抱抱我！》，让我们一起放松一下，和宝宝再来欣赏一遍这首幸福的歌曲吧！

4. 活动总结

教师总结：孩子们，有爱就有幸福，让我们把爱和幸福带给更多的人吧！

教师带幼儿离开活动场地，自然结束。

（五）韵律舞蹈类

实训名称

小手爬——小班韵律活动。

实训目的

1．了解幼儿韵律活动能力的发展阶段和特点。

2．掌握幼儿园韵律舞蹈活动的教育内容和教育方案。

3．学会如何通过韵律舞蹈类音乐教育活动发展幼儿的身体协调性，培养幼儿的创造力和表现力。

小手爬——小班韵律活动

1．活动目标

（1）使幼儿熟悉歌曲旋律，能根据歌词合拍地做小手“爬”的动作，感受、表现旋律的上行、下行。

（2）使幼儿在教师的引导下能创编出其他的上行、下行的动作方式；创造出其他的行动主体以及其他的行动起点和终点。

（3）使幼儿感受创造、表演游戏带来的快乐。

2．活动准备

《小手爬》音频。

小手爬-儿童歌曲

3．活动过程

（1）学唱歌曲。

教幼儿学唱歌曲，并学会像教师那样地边唱边拍手。

（2）学习律动。

教幼儿双手从双脚脚背开始，一拍一拍地轮流贴着腿、身体、脸部往上“爬”，一直“爬”到头顶上，正好唱完第一大句。接着，双手从头顶开始，一拍一拍向下“爬”，第二大句唱完最后一个字时，正好“爬”到双脚的脚背上。

（3）创编律动。

① 引导幼儿学习和创编其他的上行和下行的动作。

师：除了“爬”以外，你的小手还会用其他的方法上上下下吗？（如手交叉轮流上下移动、两手同时跳、两食指点，引导幼儿创编出小手的不同动作，并按照音乐边唱边用新编的动作贴着身体上行和下行。

② 当幼儿熟悉动作后，可让幼儿想一想向上“爬”，除了“爬”到头顶上之外，还可以“爬”到哪些地方？（如眼睛、头发等）向下“爬”，除了“爬”到小脚上之外，还可以

“爬”到哪些地方？（如膝盖、小腿等）做动作前，先说好上面“爬”到哪儿，下面“爬”到哪儿，然后边听音乐边做动作。

③ 让幼儿想象自己是一只猴子、一只壁虎等，想想会在哪里爬？向上爬到什么地方，向下爬到什么地方？然后按照前面的要求边唱新歌词边按节拍做相应的动作表演。

4. 活动总结

教师带领幼儿伴随音乐总结一遍动作。

附

小手爬

1=C　2/4

1　12|3　34|5　56|5 —|5　56|7　65|1　1|1 —|

小 手　小 手　向 上　爬，一 爬　爬 到　头 顶 上，

1　17|6　65|4　43|2 —|7　76|56　54|3　2|1 —‖

小 手　小 手 向　下　爬，一 爬　爬 到　膝 盖 上。

二、美术类

实训目的

1. 了解幼儿园美术教育活动的种类、每类的教育内容及主要特征。

2. 学会如何鼓励和维持幼儿对美术教育活动与生俱来的热情和创造力。

3. 能通过组织实施美术教育活动培养幼儿的视觉审美能力，加强幼儿对美的追求，促进幼儿在认知、情感和个人品质等方面的协调健康发展。

实训注意要点

1. 在美术活动中，教师要尊重幼儿对美术作品的感受。

2. 教师要鼓励幼儿表达自己对美术的感受，多培养幼儿的艺术感觉。

3. 教师在活动中要利用多种手段充分调动幼儿的多种感官，使幼儿对作品有更加深入的感知和理解。

4. 活动中学习的美术相关知识或绘画、制作等技巧要反复练习。

（一）绘画

实训名称

树叶上的京剧脸谱——幼儿园大班绘画活动。

实训目的

1. 了解幼儿绘画能力的发展阶段和特点。
2. 掌握绘画活动内容的选择要求。
3. 了解并掌握绘画活动的一般环节和步骤。

树叶上的京剧脸谱——幼儿园大班绘画活动

1. 活动目标

（1）使幼儿欣赏京剧脸谱鲜艳的色彩和夸张的形象，产生对京剧艺术的兴趣。

（2）使幼儿大胆尝试在树叶上用对称的方法、丰富的色彩创作京剧脸谱，发挥想象力和创造力。

2. 活动准备

（1）成品脸谱若干，歌曲《说唱脸谱》视频。

（2）水粉颜料、橡胶树叶人手一份。

3. 活动过程

（1）活动导入：戏说脸谱。

欣赏歌曲《说唱脸谱》，引起幼儿的兴趣。

（2）脸谱欣赏，教师示范。

① 幼儿和教师一起感知京剧脸谱的颜色。

小结：京剧脸谱有红、紫、黑、白、蓝、绿、黄、金等颜色，这是对人物自然肤色的夸张描写，主要是为了表现人物不同的性格特征。例如，红色表示忠勇、侠义、威武，黑色表示公正，白色表示狡猾等。

② 引导幼儿观察脸谱的花纹，感受其对称性。

师：你喜欢哪张脸谱上的花纹，为什么？仔细观察，这些花纹有什么特点？

教师小结：脸谱上有云、波浪、太阳射出的光等纹样，夸张、好看。这些花纹都是围着五官进行绘制的，并且左右对称。

③ 认识作画新材料（树叶）。

师：今天我们的作画材料是树叶，请大家观察你前面的树叶，看看和自己的脸有什么共同的地方。

教师小结：我们的脸中间的一条线把脸分成了两半，左右对称。树叶就像脸，经脉把叶子分成了两半，而且是对称的，这样我们在上面画脸就容易很多，好特殊的叶子呀！

④ 教师示范。

树叶是对称的，所以作画的时候左边画眼睛，右边也在对应的地方画眼睛。花纹也要左右对称。

（3）幼儿作画，教师指导。

教师提示：先画好五官，在五官周围进行装饰，眉毛和眼睛周围的纹样向上斜着画，涂色要均匀，注意左右对称。

4. 活动延伸

教师把幼儿作品粘贴在作品展示墙上，组织幼儿和家长一起欣赏。

（二）手工制作

实训名称

冰激凌——幼儿园小班手工活动。

实训目的

1.了解幼儿多种手工制作能力的发展阶段和特点。

2.知道不同年龄幼儿的手工制作活动内容和材料的选择要求。

3.了解并掌握手工制作活动的一般环节和步骤。

冰激凌——幼儿园小班手工活动

1. 活动目标

（1）使幼儿尝试用正确的方法沿直线撕纸。

(2) 使幼儿发展手眼协调的能力，锻炼小手指的肌肉。

(3) 使幼儿体验完成作品的快乐，初步尝试简单合作。

2. 活动准备

冰激凌底板3份、范例1份、操作纸若干、各式冰激凌图片、背景音乐。3. 活动过程

(1) 欣赏冰激凌图片，引发幼儿参与活动的兴趣。

师：夏天到了，在炎热的夏天里小朋友们喜欢吃些什么呢？

师：你们喜欢吃冰激凌吗？我带来了很多冰激凌图，我们一起来看一看吧！

(2) 出示范例，激发创作热情。

师：我也做了一个超级冰激凌，你们看！

教师分析冰激凌的材质和上面糖果制作的方法。

(3) 幼儿尝试制作冰激凌上的小糖果，学习正确的沿直线撕的方法

① 交代操作要求。

师：你们想用漂亮的纸撕一个长方形的糖果吗？

师：这张纸上有两道线，一会就请你用自己能干的小手沿着这两道线去撕出长方形的糖果来。看谁的小手最能干，能把线撕得直直的。

② 幼儿尝试，教师指导。

教师小结：两只小手伸出来，紧紧捏住小纸片，一下一下向下撕，慢慢撕。

(4) 合作创作糖果冰激凌。

师：我为你们准备了大冰激凌，但是上面没有糖果，请你们做糕点师来给它装上糖果吧！

① 介绍材料

师：这里有撕糖果的纸，这是什么？（辅助材料：水果块）撕完了糖果，你还可以用这些水果块装饰一下你的冰激凌。

② 幼儿创作，教师指导。

3. 活动总结

师：我们把冰激凌带给娃娃家的娃娃和他们吃吧！

教师和幼儿一起品尝冰激凌，体验活动的乐趣，结束活动。

（三）美术作品欣赏

实训名称

漫画欣赏《父与子》——幼儿园大班美术活动。

实训目的

1．学会如何培养幼儿对美术活动的积极态度，以及对美术作品的兴趣爱好。

2．了解幼儿对美术作品欣赏的发展特点。

3．知道幼儿进行美术活动时需要掌握的内容、活动材料的选择要求及设计的一般环节和步骤。

漫画欣赏《父与子》——幼儿园大班美术活动

1．活动目标

（1）使幼儿理解漫画作品的内容，尝试运用语言和图画创编故事结尾。

（2）使幼儿通过漫画欣赏、初步了解漫画的基本特点，更加喜欢漫画这一艺术形式。

（3）使幼儿养成细致观察和大胆想象的习惯。

2．活动准备

（1）漫画书《父与子》一本，完整的 4 幅漫画作品，不加背景的图 4 一幅。

（2）供幼儿续编添画的作业纸每人一张，黑色水笔每人一根。

（3）布置一个漫画墙，上面贴有许多有代表性的漫画作品（单幅的、连环的、黑白的、彩色的、有趣可笑的、充满幻想的、讽刺褒贬的）。

3．活动过程

（1）幼儿在漫画墙前面自由欣赏漫画。

（2）谈话：小朋友，你们喜欢看漫画吗？为什么喜欢？（可根据幼儿的回答归纳漫画的部分特点：幽默，夸张；文字很少，小朋友、外国人不识字也能看懂；有彩色，有黑白：简单，一目了然……）

（3）在理解作品的基础上，再次感知漫画的特点。

教师介绍漫画书《父与子》及作者，为幼儿理解作品做铺垫。

师：今天，老师给小朋友带来了一本漫画书。作者是德国著名漫画家卜劳恩，卜劳恩很爱自己的儿子，常常把父子之间发生的有趣的事画下来。

教师介绍漫画作品名称《假日的第一天》，出示图片1～3幅，引导幼儿观察、讲述。

讲述参考

第一幅：假日的第一天早晨，儿子还在睡梦中，爸爸和一个叔叔轻手轻脚地走进儿子的房间，要给儿子一个惊喜。

师：你从哪里看出来他们是“轻手轻脚”的？还可以用什么词？

第二幅：他们轻轻地把儿子抬上了汽车。

第三幅：儿子睡得可真香，还没有醒。汽车开在马路上，马路上的人都奇怪地看着他们。父亲把手指放在嘴上示意大家别吵醒儿子，指挥交通的警察也让大家保持安静。

师：猜一猜，爸爸究竟要把儿子抬到哪儿呢？

出示第四幅没有背景的图片，引导幼儿观察图片中儿子的表情，想象、讲述。

分组讨论：每组一名幼儿将自己小组讨论中最惊奇、大胆、浪漫的情景讲给大家听。

出示漫画原稿，感受漫画带来的惊喜与幽默。

师：这是什么地方，景色怎么样？

讲述参考：父亲把儿子抬到了森林里（或公园里、牧场）。太阳出来了，儿子醒来一看吃惊极了：“咦，我是在梦中吗？”他看到了……以为在做梦呢。爸爸躲在树后悄悄地笑了。

教师和幼儿一起小结：假期到森林里玩正是儿子的心愿，这幅漫画体现了父亲对儿子深深的爱。

4. *活动延伸*

幼儿尝试用漫画的手法创作故事结尾。

师：今天，小朋友通过自己的想象，编出了和画家不一样的故事，非常了不起！我们也来做个小画家，把你们编的故事画下来，好吗？

教师给每个幼儿一张缺少背景的作业纸，让幼儿创作漫画的结尾。

第四单元

综合测评

模块一 实施方案

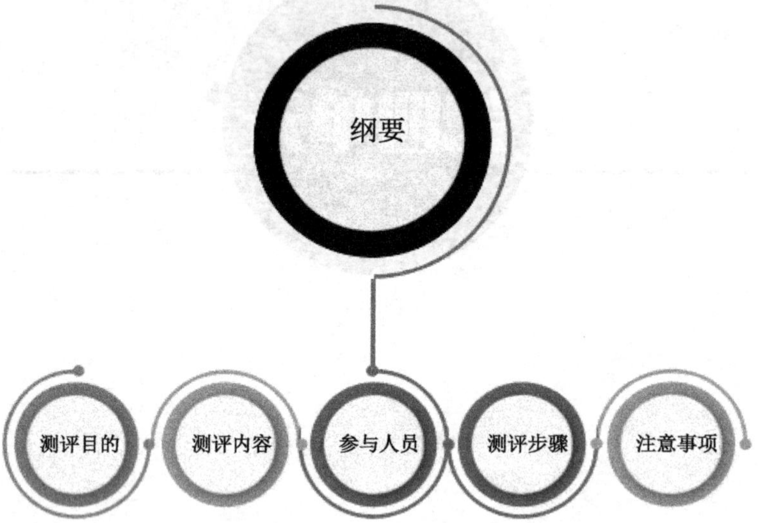

一、测评目的

（1）树立以岗位能力为本位的学习观，改进学生实践学习的测评方式，提高学生实践学习成果，保证学生实践学习质量，使学生真正掌握解决问题的基本技能。

（2）对学生进行诊断的同时，教师能根据学生的薄弱环节调整课程设计方案，改变教学方法，有效提高学生的学习质量。

二、测评内容

选择“幼儿园一日生活常见问题表”“集中教学活动常见问题表”两个表格中的问题进行整体设计，上交测评表，并对测评表进行整体说明。测评规则如下。

（1）在“幼儿园一日生活常见问题表”的 9 个环节中各选一个问题，填写 9 张测评表并上交给评委，由评委随机挑选其中一个问题并对此问题的测评表进行打分（现场复印 3 份），学生对评委挑选的问题测评表的内容进行说明，时间为两分钟。

（2）在“集中教学活动常见问题表”中选择一个问题，填写测评表，自行复印 3 份，在测评时直接上交给评委，并对此测评表进行说明，时间为两分钟。

（3）在测评时，学生共需要对以上两种问题进行说明，共 4 分钟。

（4）测评表需要在学生见习（实习）期间内完成，测评时直接上交。

三、参与人员

此测评贯彻每学期见习（实习）之后，参与人员为学校教师与本届全体学生[针对本专业参与见习（实习）学生]。

四、测评步骤

（一）组织方式

由学校统一安排本届全体学生在见习（实习）后的一周内以班级为单位进行测评，由本专业的全体教师参与，组成评委组，对各个班级进行测评。

注：组织形式可根据本校情况灵活安排。

（1）人员分配：评委组 3 名教师+2 名学生核算分数+1 名工作人员（复印测评表）。

（2）分数设置：测试分数取 3 名评委的平均分，为该名学生的最终成绩。

（二）组织流程

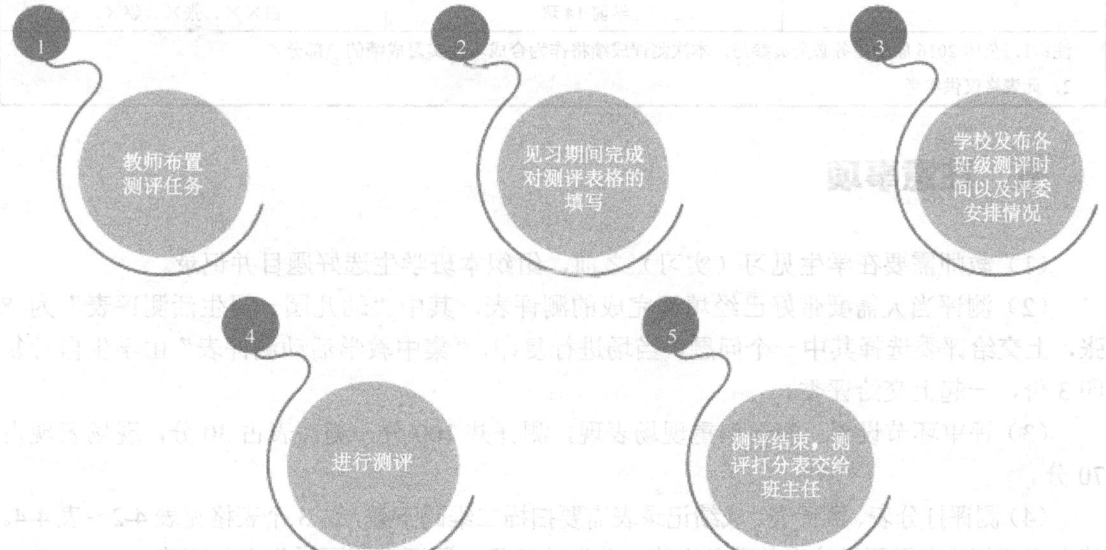

（三）学前教育专业实践学习测评安排表

以×××××学校 2016～2017 学年下学期为例，其实践学习测评安排表见表 4-1。

表 4-1　2016～2017 学年下半期实践学习测评安排表

测 评 时 间	2017 年××月××日
本次参与测评人员	全体教师、2016 届全体见习学生

续表

测 评 时 间	2017 年××月××日	
人数	学生共 600 人，教师共 18 人	
班级总数	15	
巡视教师	刘××、明×、郝×	
时间	测评班级	评委组
7:30～10:10	学前 1 班	钱××、宋×、刘×
	学前 3 班	赵××、徐×、孙×
	学前 5 班	吴×、田×、赵×
	学前 7 班	谭×、郑××、陈××
	学前 9 班	白×、张×、赵×
10:20～13:00	学前 2 班	钱×、宋×、刘×
	学前 6 班	赵××、徐×、孙×
	学前 10 班	吴××、田×、赵×
	学前 12 班	谭×、郑××、陈××
	学前 15 班	白××、张×、赵×
14:00～16:40	学前 4 班	钱××、宋×、刘×
	学前 8 班	赵××、徐××、孙×
	学前 11 班	吴×、田×、赵×
	学前 13 班	谭×、郑××、陈××
	学前 14 班	白××、张×、赵×
注：1．全体 2016 届学生务必全员参与，本次测评成绩将作为合成本次实习成绩的一部分。 2．此表格仅供参考。		

五、注意事项

（1）教师需要在学生见习（实习）之前，组织本班学生选好题目并记录。

（2）测评当天需要带好已经填写完成的测评表，其中“幼儿园一日生活测评表”为 8 张，上交给评委选择其中一个问题，当场进行复印，“集中教学活动测评表”由学生自行复印 3 份，一起上交给评委。

（3）评审环节设置：测评偏重现场表现，测评共 100 分，测评表占 30 分，现场表现占 70 分。

（4）测评打分表、测评表、成绩记录表需要扫描二维码下载，这 3 个表格见表 4-2～表 4-4。其中测评打分表需要学校提前准备完毕，分发给教师。测评表需要学生自行下载。

（5）测评结束后，本班成绩记录表交给班主任进行审核。（班主任不参与本班测评）

（6）测评时不要背诵已经上交的测评表，要注重对问题的说明，阐述自己的观点以及对问题的反思。

测评打分表　　测评表　　成绩记录表

表 4-2　测评打分表（样表）

项　目		内　容	分值（100 分）	得　分
第一部分	测评表	1.测评表上交完整，字迹工整	5 分	
		2.有对测评问题的情景描述	5 分	
		3.解决问题方法把握准确，书写结构清晰	10 分	
		4.合理的问题反思	10 分	
第二部分	现场表现	1.着装得当，普通话标准	5 分	
		2.说明问题，能对情景进行简单描述	10 分	
		3.解决方法阐述合理，思路清晰	25 分	
		4.能对问题进行反思以及自我反思	20 分	
		5.能够举一反三	10 分	
总分				

表 4-3　测评表（样表）

问题名称					
姓名		学号		班主任	
见习班级		见习指导教师		见习幼儿园	
问题分析					

表 4-4　成绩记录表（样表）

等级划分：A 优秀　（90～100 分）　B 良好（75～89 分） C 及格（60～74 分）　D 不及格（59 分以下）		
班级		
姓名	分数	得分等级

续表

模块二　综合测评问题表

表 4-5　幼儿园一日生活常见问题表

环　节	问　题
晨间接待	1. 如何看待教师在晨间接待时，被动、敷衍地回应幼儿和家长的问好的问题 2. 判断并分析教师忙于接待来园的幼儿和家长，忽视对幼儿的晨检现象的问题 3. 如何解决因为不愿入园幼儿出现哭闹、情绪低落等现象的问题 4. 晨间接待时，教师应该分别如何处理幼儿带的玩具、零食、药品和危险物品 5. 分析并谈谈如何解决晨间接待时，所有教师和保育员都在班级门口，忽视班内已经到达的幼儿的问题
盥洗环节	6. 幼儿洗手时弄湿衣袖、地面，教师如何解决 7. 谈谈如何看待教师因为怕麻烦而减少幼儿洗手的次数问题
进餐环节	8. 教师如何解决幼儿挑食的问题 9. 教师如何解决幼儿边吃饭边聊天的问题 10. 教师如何解决幼儿浪费食物的问题 11. 如何看待教师在进餐时批评幼儿的问题 12. 如何看待在进餐过程中，教师催促进餐较慢的幼儿的现象 13. 如何看待教师为了加快幼儿进餐的速度，把饭泡到汤里并且喂幼儿吃饭的现象
如厕环节	14. 教师如何解决幼儿大小便解在身上的问题 15. 如何看待教师刻板守时导致幼儿内急难耐甚至弄脏裤子的问题 16. 教师如何与家长交流，了解幼儿在家大小便情况，争取家园同步，保障在园在家生活规律的一致性 17. 如何解决个别幼儿想如厕时，其他幼儿跟风起哄的问题 18. 如何看待教师怕幼儿不会或者做不好，代替幼儿擦屁股、提裤子的行为
喝水环节	19. 教师应该如何鼓励幼儿多喝水 20. 如何看待教师组织幼儿剧烈运动后喝水的问题 21. 如何有效并有序地组织幼儿饮水
教育环节	22. 如何帮助胆小无自信的幼儿进行教育活动 23. 教师是否应该完全按照教材内容进行活动，为什么 24. 教师在教育活动中预设好幼儿的回答和反应对吗？会对幼儿及活动有什么影响 25. 评价以下教师在教育活动中以命令幼儿进行的行为 26. 教师在教学中只关注能力强的幼儿，而忽视部分跟不上的幼儿。对于这种现象请评价分析并给出合理建议 27. 某教师需要准备一堂公开课，提前把公开课上的各个环节都进行了一遍。请学生对这件事进行评价，并且说说作为教师你会怎样做

续表

环节	问题
午睡环节	28. 教师如何解决幼儿午睡吸吮手指问题 29. 教师如何解决幼儿说梦话、梦惊的问题 30. 根据见习班级不同，教师如何解决午睡时幼儿玩弄器官问题 31. 午睡时间到了，有一名刚刚入园的小朋友哭喊着要回家，教师严厉地制止他，小朋友还在哭，教师一气之下把他拉出来寝室，锁到了其他房间。请学生对这个案例进行评价，并且说说作为教师你会怎样做 32. 谈谈教师忽视不良睡姿的教育会对幼儿有什么影响，并且说说应该怎样纠正幼儿的不良睡姿。
离园环节	33. 谈谈教师在离园时忽视晚接幼儿的情感会对幼儿产生什么影响，你会如何对待晚接的幼儿 34. 幼儿因热衷离园活动而不愿离园，教师应该如何解决这个问题 35. 离园时，教师当着很多家长的面向个别家长告状幼儿在园情况。这样做会产生什么影响？教师应该怎样与家长交流幼儿在园情况 36. 教师应该做到哪些事情确保幼儿的离园活动能安全有序地进行

表 4-6　集中教学活动常见问题表

领域名称	问题
科学	1. 怎样做可以让幼儿感受到“科学并不遥远，科学就在身边”，从而热爱科学 2. 许多教师虽然认识到了操作的重要性，但由于存在怕乱求稳的思想，有些操作活动存在走过场、形式化的情况。谈谈你怎么看待这种情况 3. 怎样可以让幼儿对需要动手操作的材料进行持久、深入的探究
语言	4. 教师在教育活动中怎样做才能改变传统“灌输式”教授知识的方法 5. 在日常教育教学活动中，很多教师认为活动延伸是无关紧要的，从而忽略它，谈谈你怎么看待这种情况，活动延伸有哪些价值 6. 在语言活动中，怎样可以最大限度地让幼儿锻炼口语表达能力
社会	7. 教师在活动中为了赶活动进度，匆忙进行，省略了许多提问，减少了很多幼儿回答问题的机会，这样做会产生什么影响 8. 在社会领域中，教师常常组织让幼儿通过角色扮演的方法来进行活动，怎样做可以使活动情景还原现实生活 9. 教师进行活动时依赖课件和动画会对活动、幼儿分别产生什么影响
健康	10. 教师面对在活动中不遵守规则的幼儿应该怎样做 11. 教师在活动前要做好哪些准备来确保幼儿安全进行 12. 发现幼儿心理健康出现问题时，教师应该如何做
艺术	13. 有的幼儿在画画或者手工时，完成得比较慢，面对这样的幼儿教师应该怎样做 14. 教师在进行美术活动时要求幼儿按照统一的标准画画，这样会对幼儿产生什么影响？幼儿画出不同的画时，你会怎样做 15. 教师带领幼儿唱歌时，有些幼儿会非常大声地喊着唱歌，这样会对幼儿产生什么影响？你会怎么做来纠正幼儿这样的唱歌习惯 16. 教师凭个人喜恶评价幼儿的作品，这样会对幼儿产生什么影响

附　　录

一、学前教育智慧实训室

学前教育智慧实训室是可以满足学生进行大批量、网络化集中强化训练的环境，具有以下特点。

（1）提高了学生的自学能力。

（2）改变了学生的学习方式。

（3）进行集中式模拟实训。

（4）减轻了学生实习的压力

（5）建立了新型师生关系。

（6）激发了学生的学习兴趣

二、幼儿园 3D 虚拟仿真实训平台

幼儿园 3D 虚拟仿真实训平台是按照幼儿园真实场景布局全景仿真的，可以让学生在校漫游体验、观摩学习幼儿园的真实生活及教学活动，帮助学生提前熟悉岗位工作环境。

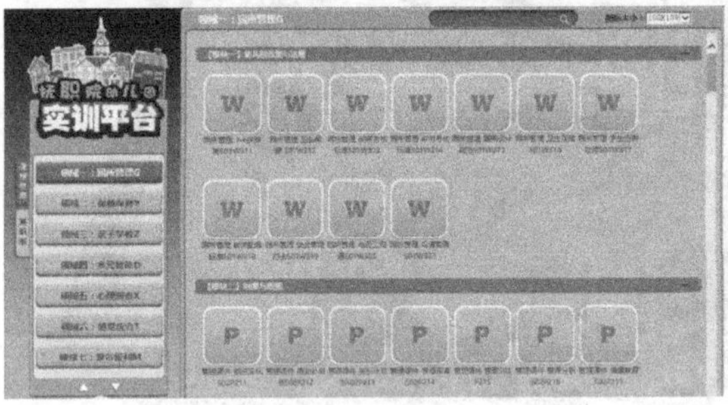

参 考 文 献

[1] 张俊．幼儿园科学教育活动指导[M]．2 版．北京：人民教育出版社 2014．

[2] 朱巧玲，王翠莉，刘海洋．幼儿园教育活动设计与指导·艺术[M]．北京：语文出版社，2015．

[3] 伍香平，彭丽华．幼儿园保育员工作指南[M]．北京：中国轻工业出版社，2017．

[4] 郑艾明．幼儿园体育活动的理论与方法[M]．北京：语文出版社，2014．

[5] 杭梅．幼儿语言教育与活动指导[M]．北京：北京师范大学出版社，2014．

[6] 何桂香．幼儿园教师工作指南[M]．北京：北京师范大学出版社，2016．

[7] 朱凯利，徐冉．学前教育专业实训指导书[M]．西安：西安大学出版社，2016．

[8] 郑天竺，陈桂萍．幼儿园环境创设实训手册[M]．上海：华东师范大学出版社，2016．

[9] 唐燕．幼儿园教育活动实训手册[M]．上海：华东师范大学出版社，2014．

[10] 周梅林．幼儿园工作规程（2016 版）解读[M]．北京：北京师范大学出版社，2017．

[11] 董旭花，刘霞，赵福云，等．幼儿园自主性学习区域活动指导[M]．北京：中国轻工业出版社，2014．

[12] 伍香平．幼儿教师易犯的 150 个错误[M]．北京：中国轻工业出版社，2014．

反侵权盗版声明